世界争乱 2024　目次

はじめに

新型コロナ禍が終わったと思ったら、ウクライナの戦争が始まった。そして、イスラエルとハマスの戦争。

私が高校生だった時、ベトナム戦争の真っ最中だった。立川基地に行けば、アメリカ兵の遺体処理のアルバイトで一体一万円稼げるなどという噂もあった。渋谷のガード下にはまだ傷痍軍人がいた。親たちは皆、太平洋戦争の体験者だった。

フランスや英国で「大戦」というと、もうひとつ前の戦争、第一次大戦のことを指す。無数の砲弾が飛び交い毒ガスが撒かれ、いつ果てるともしれぬ現実を前にして、不戦とか国際連帯とかいった理想が生まれた。一世紀の歳月をかけてついに実現したと思っていた。

「ラブ・アンド・ピース」などといっていたが、じつは世界は猜疑心と恐怖心で均衡を保っていただけだったのか。

ウクライナ侵攻ですべてが元に戻ってしまった。

何でこんなことになってしまったのだろう。答が欲しい。

私は、明治維新、第一次世界大戦とその戦後から第二次大戦、そして現在のヨーロッパ・欧州連合、金融の支配、と時代を追ってきた。しっかり「今」をみつめたい、これから歴史はどう展開（転回）するのだろうか。

こういった思いから、書き続けてきたものをまとめたのが本書である。一部には発表したものもあるが、すべて新たに書き直した。


しかしながら、連日ニュースが流れ、専門家たちの解説も追いきれないほど出ている。いまさら、なぜ書物を成すのか。

私が、パリに住み始めたのは、一九七六年。車で一日走れば東ドイツ国境、鉄のカーテンに出会った。やがてカーテンは破れ、ソ連はロシアになった。と、まもなく、サダム・フセインがクウェートに侵攻し、湾岸戦争が勃発した。

あの時、某週刊誌の求めに応じてフランスの新聞記事を翻訳して送ると、編集者が「知らないことばかりだ」、「違う見方がされている」と驚き、まだネットのない時代、フランスの報道をファックスで送り続けるはめになった。

フランスの情報空間と日本の情報空間は違うのだ。

あれからテクノロジーは格段に進歩し情報は溢れているが、この状況は変わっていない。「欧米」

といっても、アメリカやイギリスのメディアとフランスのメディアでは論調や材料の取捨選択が違う。そもそも物の見方が違う。日本の専門家とフランスの専門家の意見が違うのを見るのは珍しくない。

テクノロジーの発達は大きな恩恵をもたらしてくれた。かつては不可能だった、現地のマスコミや公私の生の情報にアクセスできるようになった。中にはフランス語でしか読めないものもある。「これが真実だ」とは、誰もいえない。だが、情報を丹念に見ていくことで真実に近い事実には近づけたのではないかと思う。

今私たちは歴史の岐路に立っている。しかも、一握りの権力者ではなく一人一人が行く末を決められる国にいる。

偏った情報からは偏った結論しかでない。

幅広い視点を持ち、今を知り、あすが、あさってが、どうなるのかを考える一助となれば幸いである。

世界争乱２０２４

序章

二〇一九年のウクライナの大統領選挙は、現職大統領のペトロ・ポロシェンコと首相を何回か経験した「美しすぎる」ユーリヤ・ティモシェンコの対決だと思われていた。

そこにすい星のごとく現れたのがウォロディミル・ゼレンスキーだった。

コメディアン、人気俳優、それからプロダクションを起こした起業家でもある。法学部出身ではあるが、政治にはまったくの素人だ。人気シリーズ「国民の僕《しもべ》」が大ヒットし、本物の大統領選に出馬を表明した。

よくある洒落かと思ったら、ゼレンスキー人気は急上昇した。

日本でも芸能人が議員になったり、知事になったりはするが、政党のバックアップがある。だが、彼には、ない。

ウクライナの大統領選挙は、二回投票制である。三月三十一日の第一回投票でゼレンスキーは、得票率三〇・二四％を獲得し、現職のポロシェンコ大統領（一五・九五％）にダブルスコアに近い大差をつける断然の一位となった。ティモシェンコは落選した。

決選投票の前、ゼレンスキー候補は、フランスのマクロン大統領に会談を申し込んだ。

彼は、二〇一四年に分離独立を宣言した地方に近い東部の出身で、ふだんはロシア語を使っていた。親欧米派のポロシェンコや極右民族派などからはロシアの操り人形だと揶揄されていた。

マクロン大統領という「ウクライナで人気のあるリーダーと近いことを示し、国際的な地位を確立し、自らの忠誠心は西側に向いているのだと見せる」(『ル・モンド』2019.4.13［同紙はフランスの日刊紙、論調は中道左派］)意図があったと見られている。

フランス側でも「ウクライナのマクロン」になることを夢見ている政界の新人に関心は大いにあった。とはいえ、マクロンからすれば、選挙期間中に会えば選挙運動に利用されたことになる。他国の政治に干渉したと批判もされるだろう。

断る方針でいたところ、ポロシェンコ候補からも会談の申し込みがあった。こちらは現職の大統領である。むげに断るわけにはいかない。

結局、マクロンは同じ日に時間を変えて別々に会うことにした。

四月十二日、決選投票の九日前だった。

ゼレンスキーの訪問は公表されなかったが、会談の後、彼はチェコのプラハから東欧ロシア方面に発信されている米国議会出資のラジオ・フリー・ヨーロッパ(RFE/RL)で、「とても友好的で、我々は人生について、根本的なことについて話した。ドンバスの紛争について話した。汚職対策と改革について話した」などと語った。

マクロンはゼレンスキーの冷静さに感銘を受けたと伝えられている。

ゼレンスキーは一九七八年一月二十五日生まれ。マクロンは一九七七年十二月二十一日生まれ。マクロンの方が一月ほど上である。

ゼレンスキーは政治の素人だったが、マクロンも大統領府事務次長や経済産業デジタル大臣を経験してはいるものの、議員になったことはない。共に既成政党には属しておらず、選挙前に自分の党を作った。

一足先に二年前に当選していたマクロンは、「右でも左でもなく」を標榜し、彼の新党「共和国前進」には既成の左右の政党から続々と鞍替えする者が出た。ことに、社会党は壊滅的状態となった。ド・ゴール、シラク、サルコジと続く伝統右派の共和党からも有力政治家を引き抜いて首相や大臣にすえたりして、それを弱体化させた。

前任のオランド大統領時代に大きな抗議運動を生んだ懸案の労働法の改正も、各労働組合連合との話し合い姿勢を見せてうまく乗り切った。

もっとも、順風が吹いていたのはその時までで、翌年の秋には「黄色いベスト」運動が燃えさかった。「黄色いベスト」は、故障などで停車して車外に出る時、後続車に注意を促すために着用するもので、フランスでは義務になっている。庶民・大衆の一種の象徴だ。ガソリンが高いという不満が発端となってSNSで拡散し、円形交差点の真ん中が占拠されたり、激しいデモが行われたりした。デモでは店や銀行のガラスが割られ、凱旋門の一部が壊されたこともある。年が明けて徐々に沈静化していった。ゼレンスキーが来たのはちょうどその頃だった。

四月二十一日、決選投票において、得票率七三％という驚異的なスコアで大勝し、ゼレンスキーは大統領となった。

就任後最初の公式訪問国としてフランスを選んだ。

会談後の記者会見でマクロンは、開口一番「親愛なるウォロディミル」と呼んだ。十一世紀にフランス王アンリ一世とキエフ公国のアンヌ王女が結婚したという故事を持ち出しつつ、新しい時代の新しい関係、ゼレンスキー大統領が行おうとしている改革への全面的支持を表明した。

大統領に就任して半年、十二月九日、ゼレンスキーは、ふたたびパリの大統領官邸エリゼ宮を訪れた。

ウクライナの東部紛争の解決のための「ノルマンディ方式」の首脳会談のためである。

二〇一四年六月六日、フランス北西部ノルマンディ地方の海岸に第二次大戦の上陸作戦七〇周年記念式典で各国首脳が集まった。

ウクライナでは、クリミア半島がロシアに併合され、東部二州のドンバス地方で独立を求める親ロシア派とウクライナ国軍との戦いが始まっていた。

フランスのオランド大統領は会場近くの古城に、ロシアのプーチン大統領、ドイツのメルケル首相、ウクライナのポロシェンコ大統領を招き、東部紛争について話し合った。そこで、この四者会談をノルマンディ方式という。

この頃、マクロンは、大統領府副事務総長であった。その二か月後、前任者の辞任により、経済・産業・デジタル大臣となって初めて政治の表舞台に出た。

ウクライナ東部紛争は、九月に欧州安全保障協力機構（ＯＳＣＥ）の仲介で停戦合意が成ったが、守られず、改めて翌二〇一五年二月にベラルーシの首都ミンスクでフランスとドイツが仲介役となった「ノルマンディ方式」の会談で停戦合意に達した。だが、ふたたび小競り合いが始まり、紛争は終わらなかった。

ミンスク合意から四年と一〇か月、エリゼ宮の会議室の円卓でプーチン大統領とゼレンスキー大統領が相対し、マクロン大統領とメルケル首相が彼らの間で相対する形で座った。

記録映像を見ると、ゼレンスキー大統領の席がカメラに背を向けるところになるため、すぐに座っていいものかどうかそわそわしているとプーチン大統領がちょっと掌で合図しながら何かをいい、席について体をひねってカメラの方を見る様子が写っている。古狸とぽっと出の素人、プーチンは、与しやすしと思ったのではないだろうか。

しかし、会談は予想外の展開をした。用意されていた案をゼレンスキー大統領が全面否定したのである。

このような会議では事前に事務方で協議されて合意内容ができ、最後の詰めだけが行われる。もし円満に終わらないようならば会議自体が延期される。

ゼレンスキーが政治の素人だった証《あかし》ともいわれるが、慣行を破らざるを得ないほどウクライナの極右民族派の締め付けが厳しかったのである。ミンスク合意はロシア有利だとする極右民族派は、ゼレンスキーがパリに向かう前、「ノルマンディの裏切り」だとしてキーウの目抜き通りで何度もデモをし、「降伏拒否」、「ウクライナは譲らない」、「ゼレンスキーは裏切者」と叫んだ。極右民族派の後ろには、ウクライナを支配しているオリガルヒ（新興財閥。政商的な動きをする富裕層）や古参政治家がいる。

結局、捕虜交換と前線の三つの新しい地点での軍の撤退を「成果」だとして四首脳は分かれた。

第1章

ウクライナの戦争

一つの危機が別の危機を追い出す

「農業展の大いなる再開」。

二〇二二年二月二十四日、街のキオスクに並んだ大衆紙『ル・パリジャン』の一面は大きなベージュ色の牛の顔だった。

プーチン大統領がウクライナへの「特別軍事作戦」を発表した午前六時は、フランス時間では午前四時である。朝刊には間に合わない。

農業展は、二週間にわたるフランス最大の見本市、いや、お祭りだ。

二年前、日本でダイヤモンド・プリンセス号が新型コロナで隔離されたり、イタリアで都市のロックダウンが始まったりしても、フランスでは武漢滞在経験のある数人の患者が出ただけで、どこ吹く風だった。しかし、隣国イタリアではフランスからも多くの観光客が訪れているヴェネツィアのカーニバルも中止された。フランスでも急激に他人事ではなくなってきて、閉鎖空間での五〇〇〇人以上の集会が禁止され、農業展も会期半ばで中止を余儀なくされた。翌二〇二一年は開催さえできなかった。

フランスの新聞の一面はたいてい大きな写真と共にトップニュースの見出しのみで、記事そのものは二ページ目から始まる。

牛の写真の『ル・パリジャン』の二面左に日本の新聞の社説にあたる編集長の言葉がある。見出しは「バゲット（フランスパン）の値段」。ウクライナはまだ「危機」にすぎず、物価高の方が切実だった。

一つの危機が別の危機を追い出す。新型コロナによる中断の後、この主要なイベント（農業展のこと）は、モスクワとキーウの間の紛争による穀物の価格への影響と共に戻ってきた。

農業展の初日には大統領が訪問するのが慣例である。時には丸一日かけて会場を回って「民衆」とまじわる。だがこの時、大統領府エリゼ宮はその準備どころではなかった。前日の二十三日、午後四時過ぎ、ＥＵ（欧州連合）からの臨時欧州理事会の招集通知がとどいた。欧州理事会とは、ＥＵの首脳会議である。

二十一世紀において、国境を変更するために武力や威圧を行使することがあってはならない。とくに本日の理事会による制裁パッケージの迅速な採択によって示された、この数日間の団結に感謝したい。

文中にあるロシア制裁パッケージはリモート会議で採択された。だが、二十四日には、対面で集まることを求めている。

マクロン大統領は覚悟した。夜を徹して補佐官、外交関係者、参謀武官、外国首脳と協議を続けた。

未明に、ウクライナ侵攻の報が飛び込んできた。

午前八時すぎ、ウクライナのゼレンスキー大統領から電話があった。

「プーチンと話をしたいが、全然電話に出ない。エマニュエル、なんとかできないか。」

マクロンのすべてのスケジュールはキャンセル。

大統領府の堅牢な地下室で、主要閣僚と軍幹部をまじえた国防会議に臨んだ。新型コロナの時にも、保健衛生戦争だといって何度も開かれていたが、こんどは、本物の戦争だ。

昼食の時、マクロン大統領は、四分間弱、国民に直接テレビで語りかけた。背景には、いつものＥＵ（欧州連合）の旗とフランス国旗のほかにウクライナ国旗が並んでいる。

「今夜の出来事は、ヨーロッパと我々の歴史にとっての転回点である。それは我々の生活に持続しつづける結果をもたらすであろう。」

「生活」と訳した「vie（ヴィ）」というフランス語には「人生」という意味もある。

午後三時からはＧ７のオンライン会合。その後マクロンは、ふたたびゼレンスキー大統領と電話で話した。

ゼレンスキーは悲痛だった。

「キーウに安全なところはない。想像を絶する。二〇一四年とは違う。全面戦争だ。エマニュエル、私は戦争に反対する同盟を組織することが非常に重要だと思う。

私たちは、ヨーロッパの指導者とバイデンがプーチンに電話して異口同音に『やめろ！』といえると確信している。そうすれば彼はやめるだろう。彼はあなた方に耳を傾けるだろう。

戦争を止めるには、彼と話をしなければならない。」

パリからEU本部のあるブリュッセルまでは飛行機で一時間とかからないが、大統領官邸から軍用飛行場までとブリュッセル市内の自動車の移動もある。マクロンは午後七時の集合時間になんとか間に合った。

翌朝、二月二十五日の『ル・パリジャン』の一面は、戦車の正面写真であった。

プーチン　ウクライナ攻撃

「我が国の歴史の転回点」

プーチンのでたらめ

侵攻から三か月ほどたった頃、フランスの国営テレビ「France2（フランス・ドゥー）」が「大統領、ヨーロッパと戦争」と題する二時間のドキュメンタリーを放送した。

その中に、二月二十日に行われたマクロン大統領とプーチン大統領の電話会談がでてくる。侵攻四日前である。

大統領官邸の一室で外交顧問たちが電話を聞きながら、忙しくスマホで大統領にアドバイスする姿を撮影したもので、九分間の会話がすべて収録されている。

マクロンとプーチンは、お互いに「ウラジーミル」、「エマニュエル」と呼びかけていた。マクロンはドイツのショルツ首相やイタリアのドラギ首相をも「オラフ」、「マリオ」と呼んでいた。日本の首相が、アメリカの大統領と名前で呼び合ったといって友情を誇るが、何のことはない、まったく当たり前のことなのだ。むしろ、そうでない時こそ問題視されるべきなのだ。

それはさておき、会談の冒頭、まずマクロンがプーチンに何をしたいのかをたずねた。

プーチンは「いまさら何をいったらいいんだ。君は全部見ているだろう。君と（ドイツの）ショルツ首相は、ゼレンスキーが歩み寄る用意がある、ミンスク合意を実施するための法案を準備した、と私に話した」それなのに、何の進展もないと不満を述べ、「私たちの親愛なる同僚ゼレンスキーは何もしない。彼は嘘をつく」と言い放った。

そして、ゼレンスキーは核装備を望んでいるとか、マクロン自身もミンスク合意は修正しなければならないといったではないかなどと続けた。

即座に、マクロン大統領の外交顧問たちの口から「でたらめだ」と漏れた。

ミンスク合意は、二〇一五年二月にフランスとドイツが仲介役となって、ベラルーシの首都ミンスクで成立したウクライナ東部紛争をめぐる和平合意である。

「ウラジーミルよ、私はミンスク合意を修正しなければならないといったことはない、尊重しなければならないといっているだけです。」

プーチンは、「ウクライナからの分離独立を望む者たち」がウクライナ政府と建設的な対話をしようとしているという。ウクライナに圧力をかけて分離独立主義者と対話をさせるのがマクロンの役割だといわんばかりである。

マクロンが反論する。「君の交渉担当者が分離主義者のロードマップに基づいてウクライナ人に話し合いを強要しようとするならば、彼はミンスク合意を尊重していないことになる。ウクライナで法律を提案するのは分離主義者ではない！」

「分離独立を望む者」、「分離主義者」というのは、ウクライナ東部ドンバス地方のドネツク州とルガンスク州の親ロシア派の武装勢力を指す。つまり、ウクライナという国で法律を提案するのは政府や国会であって、彼らではないというのだ。

プーチンは平然と「私たちは状況の読み方がまったく異なる」と返し、ミンスク合意の九、一一、一二条を挙げる。

「その条文は今目の前にある」とマクロン。「そこには『ウクライナ政府が、地域の勢力との話し合いをもとに三者会談で提案する』と明確に書いてある。主権国家で、民主的に選出された政府当局ではなく分離主義者が法案を提案することを認める法学者などどこにもいない」

「それは民主的に選出された政府ではない。彼らは血塗られたクーデターで権力を握った。生きたまま焼かれた人々がいた。血まみれだった！　そして、ゼレンスキーは責任者の一人だ」。プーチンがこう早口でまくし立てた。

マクロンはあえて静かな口調で「君に少しは助けてもらいたい」と求める。「皆冷静にならなければならない。演習は今どうなのか」

プーチンはウクライナ国境に軍隊を結集しているのは演習のためだと常々いっている。

「演習は予定通りに進んでいる」とプーチンはおざなりに答えた。

「では今晩終わるのですね」マクロンがたたみかける。

プーチンは「多分」とぶっきらぼうに答え、そして、「ドンバスの状況が鎮まるまで軍隊は国境地帯に残しておくことになるだろう。まあ、見てみよう。軍隊をどう動かすかは防衛大臣と外務大臣との協議で決められるのだから」。

マクロンは、ここぞとばかりに、近日中にジュネーヴでプーチンとバイデン大統領の会談を行うことを提案する。すでに、バイデンには了解を取り付けている。

「エマニュエルに感謝する。ヨーロッパのカウンターパートナーやアメリカと話すことは、つねに大きな喜びであり、大きな名誉だ。いつでも喜んで君と話す。私たちは信頼関係にあるのだから」。プーチンはこう答えるが、すぐに「先に会談の日にちを決めるのではなく、予備の会談を準備をしてから発表すべきだ」。

マクロンは「原則的には賛成なのですね」と念を押す。

プーチンは、「考慮に値する提案ではある、原則的には賛成だ」と答えたものの、これ以上、無駄話はしたくない、という感じで「アイスホッケーをしたい、今はスポーツ室で話しているのだ」とはぐらかした。

翌日、プーチンは、ウクライナからの分離独立宣言をしている二つの州を人民共和国として承認した。バイデンとの会談などいらぬお節介だったのだ。

「私たちは今朝、別の世界に目覚めた」

「私たちは今朝、ヨーロッパ大陸で別の世界に目覚めた。ルールに基づく秩序世界は揺さぶられ、非常に苦痛な方法で攻撃された」とマクロン大統領は、ロシアによるウクライナ侵攻の日のテレビ演説で語った。

歴史の流れは大きく屈折した。第一次世界大戦以来、百年にわたって営々と築かれてきたものが崩れた。

第一次大戦が始まった一九一四年は日本の年号では大正三年である。明治天皇の喪が明けて、十一月に大嘗祭即位の礼が予定されていた。ところが、四月に明治天皇の皇后昭憲皇太后が崩御したため、一年延ばしとなっていた。

八月にドイツ軍がベルギー・フランスに侵攻した。当時日本では、戦争は欧州大戦と呼ばれていた。日英同盟があった関係もあって、日本も英仏側で参戦、ドイツの租借地のある中国・青島を攻略。派遣軍は、年が明ける前に、できたばかりの東京駅に凱旋した。それで日本の戦時は終わった。後は、産業が軍需一辺倒になった欧州に代わって漁夫の利でもっぱら成金景気を享受していた。

ドイツ帝国は宣戦布告すると、ベルギー、ルクセンブルクから東部フランス一帯を一気に占領する電撃作戦を展開した。一か月でパリから五〇キロにまで迫った。

しかし、そこで、止まった。ドイツ軍は後退し、フランス東部で塹壕戦が始まった。

ドイツでも、フランスでも、英国でも、出征する兵士は、クリスマスには故郷に凱旋できると思っていた。

だが、一年経っても二年経っても三年経っても、戦争は終わらなかった。しかも、次々と巨大砲、毒ガス、タンク、飛行機など新兵器が投入された。人類がまだ経験したことのない総力戦。未曽有の大戦。

三年目にはアメリカが参戦した。だがそれも決定打にはならなかった。

ロシアで革命が起き、政権をとったレーニンの共産党政権とドイツの間で四年目に入った秋、停戦が成立。ドイツはロシアとの戦線に投入していた兵力をフランスの戦線に集中できるようになった。

結局、その一年後、ドイツで革命が起きて、皇帝は亡命し、講和がなった。

もし、革命が起きなければ、まだまだ戦争は続いていたにちがいない。

この戦争の経験から、「不戦」ということが初めて本格的に考えられるようになった。

しかし、まだ理想のレベルだった。戦勝国はドイツに過酷な賠償を求めた。

結局二〇年後にもう一度戦争が起きた。こんどはアジア太平洋を含む文字通りの世界大戦になった。

二度の悲惨な戦争を経験したヨーロッパでは、一九四九年に欧州評議会（Council of Europe）が、一九五七年に欧州経済共同体（ＥＥＣ）がつくられた。前者はチャーチルのヨーロッパ合衆国構想がきっかけだったが、現在では、政治経済の問題を扱うのではなく欧州人権裁判所に代表される人権、法の支配（法治国家）、民主主義擁護などといった理念を守る存在となっている。ロシアも一九九六年に加盟していたが、ウクライナ侵攻後脱退した。

政治的・経済的統合の方はEECで進み、欧州連合（EU）となった。

たしかに、第二次大戦後にも朝鮮戦争やベトナム戦争があった。中東やアフリカ、アジアでも紛争が発生した。東ヨーロッパでも紛争は起きていた。だが、戦争を政治・外交の手段とする時代は終わったと考えられていた。

ところが、プーチン大統領は、この歴史の歯車を一気に巻き戻したのである。

一三日間のカラ約束

開戦後、ロシアは三〇余りのウクライナの主要都市を爆撃した。ドンバス地方以外に南はオデッサ、マリウポリの港。それからクリミア半島、内陸のウクライナ東北の国境、そして、北の隣国ベラルーシから地上でも兵を進めた。原発事故のあったチェルノブイリを占拠し、さらに首都キーウに向かった。

ロシア軍が侵攻した初めの数日間で、ウクライナ軍の飛行機、レーダー、対空ミサイルの約八〇%が破壊された。

一九九九年のコソボ紛争の時には、ＮＡＴＯはセルビアの首都ベオグラードを空襲した。

しかし、こんどは動かなかった。

ロシアには核兵器があるからか。

そうかもしれないし、そうではないかもしれない。

スロバキアやポーランドなど、かつてワルシャワ条約機構の加盟国でいわゆるソ連の衛星だった国には、ウクライナのパイロットがすぐに乗れるソ連時代の戦闘機がある。だが、それも使えなかった。

ウクライナに輸送する途中で撃墜されたらどうするのか。いや、たとえウクライナのパイロットが操縦したとしても、外国の基地から直接攻撃に参加すれば、その国が参戦したとみなされ、ロシアに攻撃の口実を与える。そうなるとＮＡＴＯ（北大西洋条約機構）が参戦せざるをえなくなる。

同じ理由で、ポーランドが提案した旧東ドイツ地域のアメリカ軍基地にあるソ連製の爆撃機の使用もアメリカが拒否した。


最初の日々の戦闘的で自信に満ちた姿勢とは対照的に、ウォロディミル・ゼレンスキーの最近のスピーチの調子は苦渋に満ちている。西洋の支援は行動を伴わない言葉だけなのではないか。

ウクライナ大統領は、西側諸国がウクライナをロシアの爆撃から守るというカラ約束を非難した。

「私たちは一三日間、約束を聞きつづけてきた。空から助ける、飛行機が来る、武器弾薬が届けられると告げられた一三日間……」彼は「ここ一三日間決定を下すことができなかった西側の人々」に態度を決めることを迫った（『ル・フィガロ』2022.3.10［同紙は、フランスの日刊紙。論調は保守的］）。

ロシアの電撃戦は成功したかのように見えた。

プーチンの誤算

「プーチン大統領は、キーウをすぐに占領し、戦争は一〇日で終わり、夏にはウクライナをロシアに併合できると考えていた」と、英国王立防衛安全保障研究所はいう。

『レゼコー』（フランスの日刊紙。主に経済を扱う）のジャン＝マルク・ヴィトリ論説委員が面白いことを書いている。

ウラジーミル・プーチンは、敵対者が貯金を優先すると信じていた。彼は、ウォロディミル・ゼレンスキーはその周囲の者たちと同じように、オリガルヒ、あるいは他の多くの旧ソビエト共和国の指導者と同様に、金銭に動かされ、スイスの銀行に何十億も隠していて、最初の銃声で国から逃れる人間だと考えていた。しかし、ゼレンスキーは去らなかった。彼は蓄財したいのではなく、政治をしたいのである。彼は自分の財産のためにではなく、ウクライナの自由のために戦う（2022.3.1）。

まさにその通りだ。

イラクがクウェートを攻めた時、クウェート政府は国外亡命した。第二次大戦でドイツがフランスに攻め込んだ時、パリ突入が間近くなると政府はフランス南西部のボルドーに移った。普通そうなるものだ。

まさか、キーウにとどまって徹底抗戦を呼びかけるなどとは思わなかったのだろう。

プーチンの大誤算である。

第一次大戦の時、ベルギーはドイツの電撃作戦で国土のほとんどが占領された。政府もイギリスにわたって亡命政権になっていた。だが国王アルベール一世だけはほんの少し残った国土に残り、抵抗の指揮を執り続けた。

この悲痛な抵抗は各国の共感を呼び、遠い日本でもベルギー支援のための慈善即売会が開かれたほどであった。

じつは、もし踏みとどまらなければ、戦後そのまま廃位あるいは王制そのものがなくなっていたかもしれない。

ベルギーは、ナポレオン戦争の後、オランダから分離して独立したが、当時フランスと勢力争いしていた英国が南部のフランス語圏の諸侯をおさえるべく、ドイツのザクセン＝コーブルク＝ゴータ家のレオポルドを国王としたものだった。そうであるから国民は国王に愛着はなかった。

アルベール一世は初代レオポルド一世国王の孫（ただし、第二代に嫡子がなかったためその弟の子）である。

ゼレンスキーは、キーウにとどまった。徹底抗戦の呼びかけに国民は応えた。

アメリカもフランスも英国もドイツも徹底支援するしかなくなった。

侵攻開始から一か月、三月二十五日、ロシア軍のセルゲイ・ルドスコイ副参謀総長は、キーウ包囲軍を撤兵し今後は「ドンバスの解放」に集中すると発表した。

欧州連合分裂の危機

ロシアの侵攻から四日目の二月二十八日、ゼレンスキー大統領はウクライナのＥＵ加盟希望を表明した。欧州委員長ウルズラ・フォン・デア・ライエンは支持した。しかし、これに賛成したのは旧ソ連領のバルト三国と旧ソ連の衛星国（ハンガリーを除く）だけだった。

三月に入って十、十一日にフランスのヴェルサイユでＥＵの首脳会議が開かれた。

欧州連合（ＥＵ）には、政府・行政機関にあたる欧州委員会があり、立法機関にあたる欧州議会と欧州理事会がある。欧州理事会は各国の首脳会議である。欧州理事会の議長国は半年交代のもちまわりで、二〇二二年上半期はフランスの番だった。

そういうわけで、ヴェルサイユで首脳会議が開催されたのである。

ウクライナへの追加支援はすんなり決まったが、戦争に対する態度は「正義派」と「和平派」に分かれた。

「正義派」は、バルト三国とポーランドが主導する東欧（ハンガリーを除く）と北欧諸国である。これらの国々はロシアに隣接し、ロシアの脅威を日常的に感じている。国際社会のルールを踏みにじるロシアを徹底的に弱体化させなければならない、クリミア半島を含めて、ロシアを恒久的にウクライナから追放しなければならない、停戦してもプーチンが野望を捨てるわけではないと考えた。

これに対して「和平派」はフランス、ドイツ、イタリア、ベルギー、ギリシャ、オーストリアなどである。多少ロシアに妥協しても、早期に停戦してほしいと考えていた。これらの国々はロシアと国境を接しておらず、その間には東欧の「正義派の国々」が挟まっている。ロシアは「引越さない隣人」であり、否が応でも共存し続けなければならない。各国ともビジネス上の関係も深い。エネルギー供給の問題もある。さらに、紛争の拡大、難民の増加、核攻撃のリスク、そして戦争の長期化はコスト負担の増加につながる。ただでさえ、新型コロナ禍で財政は痛めつけられ、経済は疲弊している。これらの国にとってロシアは脅威ではなく、パートナーだった。

私が初めて「東側」にいったのは、一九七六年だった。西ベルリンの友人を訪ねた。まだ壁があった頃である。東ベルリンへは東ドイツ政府観光局の定期観光バスでしか行けない。西側の出版物はガイドブックでさえ置いていかなければならなかった。たしか最低二〇〇〇円分ぐらいだったと思うが、強制的に西ドイツマルクを東ドイツマルクに両替させられた。唯一バスを降りたのが買い物と、第二次大戦のソ連の戦車が鎮座している広場だった。街並みは、建物の洗浄がなされておらず古く黒ずんでいたこともあるが、重苦しかった。

その後、ポーランドやハンガリー、ルーマニアに行ったが、この重苦しさは変わらなかった。

東側の国は、厳しい統制下にあって、国民もみんな共産主義、ソ連に従順だったと考えがちだが、けっしてそんなことはない。一九五六年のハンガリー動乱や一九六八年の「プラハの春」、八〇年代の「連帯」労組運動のポーランドでも見られるように、国民はもともと西側寄りであった。

我々は英語を学校で習うのが当たり前のように思っているが、冷戦の時に西側にいたからにすぎない。東側では、それはロシア語であった。ただし、東ドイツも東側だったので、ドイツ語を選択できるケースもあり、その時には、ほとんどの人がドイツ語を選択した。人々と話すとあまりにも西側を理想化していたので怖いぐらいだった。だからベルリンの壁が破れて、ソ連が崩壊すると、新生ロシアの同盟国になるのではなく、雪崩を打ってロシアから離れた。

一九五六年のハンガリー、一九六八年のチェコと、自由を求める民衆運動に対してソ連の戦車が介入した。「ペレストロイカ」（自由化開放政策）などでソ連の民主化を進め、冷戦を終わらせ、中国の天安門事件にも影響を与えたゴルバチョフ書記長も、一九九一年、独立を宣言したリトアニア、ラトビアに出兵した。

旧ソ連だったバルト三国や、ソ連の衛星国だった「東側」の国々はソビエトの支配を忘れておらず、ロシアにはこの地域を支配したいという願望があると考えている。

脅威は無言の圧力だけではない。

ウクライナ侵攻の半年前から、ベラルーシは、リトアニアついでポーランドに何千人もの中東からの不法移民を送り込もうとした。

ベラルーシは領事館の肝いりで旅行代理店を開き、観光ビザを発行していた。たとえばベイルートやバグダッドで売られていた「ベラルーシ旅行パッケージ」は一〇日間の観光ビザとホテル代で四〇〇〇ドル。客に対して、ミンスクで数日過ごした後、一〇〇ドル払ってタクシーでポーランドの国境までいき、歩いて国境を越え、さらにポーランド領内で三キロほど歩くとドイツに連れて行くための車が待っている、と甘言を弄していた。

国境に溜まった人々に、ベラルーシ軍が有刺鉄線を切る道具を配った。ポーランド政府は、追い返し、さらには、壁を作った。

ベラルーシのルカシェンコ大統領は、「移民受け入れ」をしなければポーランドとドイツにガスを送っている天然ガスのパイプラインを封鎖すると脅した。

「和平派」は、ロシアを叩きすぎてしまうと、第一次大戦後のドイツのように混乱して、またヒトラーのような者が出現するのではないか、さらに悪いことになるのではないか、と考えていた。これに対して「正義派」は第二次大戦を教訓とする。彼らにとっては、プーチンが現代のヒトラーなのである。

ヒトラーには、国際会議を開いていくら圧力をかけても無駄であった。彼がいなくならなければ、真の和平交渉は始まらなかった。

ヒトラーは、第二次大戦でフランスの領土の半分を占領し、残り半分に傀儡政権を樹立した。だがそれに満足せず、英国やソ連への攻撃を続けた。同じようにプーチンは、たとえ東部のロシア系国家の分離独立で講和が成ったとしても、ウクライナの政権を転覆させようと試みつづけ、さらには、少なくともモルドバやバルト三国など旧ソ連の他国への侵攻を企てるであろう。それ以外の近隣諸国へも圧力をかけつづけるだろう。

「マクロンする」

「この紛争は、ウクライナ語にたくさんの新しい単語を産んだ」と『ル・パリジャン』のウクライナ特派員はいう。その中の一つが「macronete」、フランス語に訳すと「macroner（マクロネ）」である。つまり、「マクロンする」。意味は、「状況に対して非常に心配している様子を皆に見せるが、何もしない」。マクロン大統領は一番嫌われている同盟国の指導者だという。

アメリカや英国、欧州連合からは続々と攻撃用の武器弾薬が届いているのに、フランスは防御的な対戦車砲を供給する程度にとどまっている。また、ロシア軍がキーウ周辺から撤退した後、郊外のイルパンで虐殺の状況が発見された時、アメリカのバイデン大統領もはっきりと虐殺だと非難したのに、マクロンは虐殺だといわず曖昧な態度をとった。

四月二十日、ついに、ゼレンスキー大統領が強い言葉で非難した。

「たくさんのフランス企業がロシアに進出している。オリガルヒはコート・ダジュールで休暇を楽しんで、豪華なヨットや別荘を持っている。それはわかる。だが戦争なのだから、マクロン大統領はビジネスやお金か、自由と人権の戦いかを選択しなければならない。」

たしかに、フランスの地中海に面したリゾート地ニースやカンヌなどの港にあったロシアの富豪の大型ヨットは接収された。しかし、複雑な法的な問題があるという口実でそのまま置かれたままだった。

この言葉が刺さったのか、フランスは、すぐに射程四〇キロメートル口径一五五ミリメートルのセザール砲を「ここ数日中」に供給すると発表した。

ところが、話はこれでは終わらなかった。


先の発言が出たのはマクロンの再選がかかったフランス大統領選挙決選投票の四日前であった。マクロンは大統領選挙の後また失言をしてしまう。

再選のお披露目となった五月九日の欧州議会で「ロシアに対して屈辱を与えたり復讐したりする誘惑に屈してはならない」と発言した。

同時に、彼は「欧州政治共同体」の設立も提案した。EUは加盟する条件が非常に厳しい、だから、とりあえず加盟申請をしている国でこの組織をつくっていわば準加盟国にするというものである。過去にはミッテラン大統領も提唱しており、今回もドイツなどは賛成した。しかし、いかにもタイミングが悪かった。EUの二軍を作ってウクライナの正式加盟を阻止するためなのではないかと受け取られてしまったのだ。

一週間ほど経ってマクロンはゼレンスキーに電話をし、欧州政治共同体についてていねいに弁明した。また、武器供与を強化することも約束した。

二人の関係は修復されたかのように見えたが、六月四日にマクロンはまた「戦闘が止まる日、外交ルートで出口をつくるために、ロシアに屈辱を与えてはならない」といってしまった。またしてもマクロンはゼレンスキーとEUの「正義派」の不興を買ってしまう。

マクロンは、ウクライナの完全な敗北は想定できないが、欧米の直接の介入なしにロシアが完全に敗北する可能性も低いと見ていた。その前提に立てばプーチンと話し続けるべきである。あながちマクロンの独善ではなく、EUでもドイツ、イタリアをはじめとする西欧諸国「和平派」の当時の共通した認識だった。ただ、マクロンはそれを口にしてしまった。しかも、マリウポリ陥落後ロシアが攻勢を続けていた時であった。

もっとも、マクロンらしいともいえる。自分は正しくちゃんとやっている、誰からも非難されるいわれはないという、エリートの持ち前の傲慢さ。フランス国内でも「道を渡ればすぐ職は見つかる」とか「努力が足りない」とか庶民感情を逆なでする失言を繰り返し、支持率の低下につながっていた。

相手がロシアだということもあった。ロシアとフランスは伝統的に仲がいい。マクロンにはプーチン大統領とも気脈を通じているという自負がある。だからこそ、プーチン大統領と「話せばわかる」と幻想を抱いていたのだろう。

三日後、ゼレンスキー大統領は、イタリアのテレビRAI1のインタビューで、ふたたびマクロン大統領を名指しで非難した。

「ロシアに逃げ道を与えてはならないのに、（マクロン大統領は）無駄な努力をしている。ロシアとウクライナの仲介をしたかったのだろうが、何の成果も得られなかった。」

しかもこれをSNSの自分のアカウントにアップした。

『ル・フィガロ』によれば、キーウで侵攻後に発売された『戦争辞典』の「M」の項には「マクロンする」がでていて、「無駄に意味のないことをいうこと」と解説されている。

また、『ル・モンド』によれば、「マクロンする」という言葉はロシアにもあって「理由《わけ》もないのに電話ばっかりかけてくる」だそうだ。

仏独伊三首脳、雁首揃えてキーウへ

二〇一五年にオランド大統領がドイツのメルケル首相と共にノルマンディ方式で和平の仲介をし

た時、ウクライナの紛争はあくまでも国内の一部での親ロシア派住民の独立運動であった。であるから、ウクライナの国内問題として高度な自治権を持った地域とするという解決法はありえた。だからこそ、ミンスク合意が成立したのである。

しかし、二〇二二年二月二十四日から根本的に状況が変わった。

ロシアが直接侵攻した時から、ウクライナ政府の交渉相手は親ロシア派住民ではなく、ロシアになった。しかも、単なる自治の拡大ではなく、ロシアへの割譲がテーマとなった。

ウクライナの国内紛争のレベルであれば、国内問題でありEUとしては紛争への介入はできない。激しさは違うにしても、フランスのコルシカ独立運動や、スペインのバスク独立運動のようなものである。ましてや、ウクライナはEUの外である。

今回のプーチン大統領の行動は、民主主義、法の支配（法治国家）といったEUの持つ基本原則への挑戦である。これを許してしまえば、EUそのものの存在価値が問われる。つい忘れがちだが、ギリシャもスペインもポルトガルも戦後長い間軍事独裁政権だった。EU（欧州連合）は、EEC（欧州経済共同体）の時代以来それを倒し克服しようとする国民を支えて民主主義を根付かせたのだ。ロシアの勝利は世界中の権威主義者に活力を与え、中国の台湾侵攻を招くだろう、といわれるが、ヨーロッパ大陸にもまだ火種はある。

EUとしてもいつまでも「和平派」、「正義派」で争っていることはできない。

こうした状況のもとで、六月十六日、マクロン、ショルツ、ドラギの仏独伊三首脳のウクライナ首都・キーウ訪問があった。

大きな転回点であった。ゼレンスキーに謝るための訪問だった。

訪問の前日ルーマニアで、マクロン大統領は、「ウクライナの軍事的勝利以外の出口はありえない」と断言した。

彼は、訪問中に「現在の現場の状況は（ロシア大統領との対話を）正当化するものではない」と認めた。イルピンで「虐殺」があったと明言した。

三首脳は、今までの躊躇を捨てた。ウクライナに即座にEU加盟候補のステイタスを与えることを提案する、ウクライナが東部のドンバス地方はもちろんクリミア半島を取り戻すまで、ウクライナが勝利することを望んでいると明確に宣言した。

訪問後、マクロンは、自分の出番ではない、と立ち位置を明確化した。

「私たちがゼレンスキー大統領の代わりに勝利を定義するのではない。しかし、彼がある時点で交渉することを決定した場合、それは大陸の安全に関係するものであり、私たちは彼の側で安全保障を提供する。」

「和平派」と「正義派」の対立は回避された。西欧も東欧（およびウクライナ）に同調した。

プーチンは、もうフランスやドイツ、イタリアなどにうまく二枚舌を使ってやっていくことはできなくなった。

ラーダ（ウクライナ国会）の青い旗

ロシアの侵攻からちょうど一月後、三月二十四日にブリュッセルの本部で行われた欧州理事会にリモートで参加したゼレンスキー大統領は、ウクライナのEU加盟に反対しているフランス、ドイツ、ポルトガル、オランダ、スペイン、ベルギー、オーストリア、そしてハンガリーを名指ししてEU加盟候補国となることとの重要性を訴えた。彼はまた、それらの各国首脳に直接電話攻勢をかけ、賛成するよう説得しつづけた。

六月二十三日、EUはウクライナとモルドバを加盟候補国と承認した。

加盟候補国と認められたといっても、加盟の申請が受理されたというだけのことである。続いて、加盟交渉の開始が認められて初めて第一歩を踏み出したことになる。

加盟交渉によって、民主主義、法の支配（法治国家）、人権、マイノリティの尊重と保護を保証する安定した諸制度といった「政治的基準」、正常に機能する市場経済およびEU域内の競争や市場の力に対応できる能力といった「経済的基準」、そして三五の政策分野で、EUの法規を適切に適用し実施する国内法や司法・行政・経済制度を持つ「法的基準」を満たしたことを認知されなければならない。それぞれの国において徹底的な改革が必要である。

この時点で、トルコ、北マケドニア、モンテネグロ、アルバニア、セルビアが加盟候補国になっていたが、候補国に認められてから加盟交渉が開始されるまでに四年から一八年かかっている。さらにそれからの交渉は何年もかかる。

二〇〇四年に旧東欧諸国がＥＵ加盟したが、たとえばポーランドは加盟候補国になってから加盟するまで一〇年かかった（『EUMag 欧州の安定と平和を強化するＥＵの拡大』による）。

ウクライナのＥＵ加盟は、また、ＥＵ自体にも大きな変革をもたらす。

二七か国（英国が抜けて）となった現在、もともと六か国のモデルで考えられた満場一致の議決方法などが合わなくなってきている。二〇一〇年からのユーロ危機で北と南の国々の対立が明るみに出たし、ウクライナの戦争では、東西の対立が鮮明になった。さまざまな軋轢が生じることは想像に難くない。

お金の面でも、ウクライナが入れば、共通農業政策資金の半分が回されることになる。とくに新しく入ってきた東欧や西バルカン半島の国々が西欧並みに近づくための補助金にも影響を与えるだろう。

七月一日、ウクライナ国会議場に青地に一二の金がデザインされた星のＥＵの旗が入場し、万雷の拍手に迎えられた。

ミシェル欧州理事会議長とフォン・デア・ライエン欧州委員長は、祝福しつつも、とくに、司法の独立（憲法裁判所の裁判官の選出など）、汚職やマネーロンダリング対策、経済および政治面におけるオリガルヒの影響力の制限、少数民族（ロシア圏、ギリシャ、ハンガリー、ブルガリア）の保護、安全保障環境に関する法律の適用など七つの分野で進歩が必要であると念を押した。

腐敗国家

ウクライナは腐敗国家だった。

ベルリンに本部のある国際的な非政府組織トランスペアレンシー・インターナショナルが毎年、政府・政治家・公務員などの公的分野での腐敗度を測る腐敗認識指数を発表している。二〇二一年度、ウクライナは一二二位。ちなみに日本は一八位で、フランスは二二位、アメリカは二七位、ロシアは一三六位である。

ウクライナもその一部であったソ連は「プロレタリア独裁」つまり、特権階級である資本家などブルジョワに代わって労働者が政権を支配するとうたっていたが、実際には、一部の労働者がブルジョワになって特権を独占するだけだった。

「共産主義（コミュニズム）」は「皆で共に所有する」理想の共同体を実現するはずだったが、国民とは離れた国家という存在が経済を独占しただけだった。そしてそれは、権力者がすべてを総取りするということだった。中央だけではない、地方ごとにも権力者がいた。一九九一年にソ連が崩壊してもその社会は変わらなかった。

また政治社会が混乱すると、うまく立ち回って金儲けする者がでてくる。日本でも、とくに明治維新と、太平洋戦争つまり第二次大戦の戦後にはそういうことが起きた。ウクライナでは、ソ連の崩壊、共産主義から資本主義へのラジカルな変革がまさにそれであった。

こうしてできた新興財閥は「オリガルヒ」と呼ばれた。

ウクライナの民間団体ウクライナ危機メディアセンターによると、二〇一七年のポーランドやアメリカの最も裕福な一〇〇人の所得は、自国のＧＤＰの約三％だが、ウクライナは一三％にのぼるという。

ひとたび財をなせば、さまざまな投資をする。銀行や一般の企業はもちろんだが、ウクライナでは、メディアにも関心を持った。これによって、自分たちに有利な情報を流し、不利な情報を阻止し、世論を誘導できるのである。

それぞれのオリガルヒは、ロシアやアメリカと緊密な関係を持っていた。そのため政治状況によって浮き沈みする。

> ウクライナは、権威主義、司法権の欠如、汚職、貧しい人権状況など、ソビエト後の慢性的な病気から免れていない（『ル・モンド』2004.4.12）。

二代目大統領に就任したレオニード・クチマの二期目最後の頃の記事である。クチマは一九九四年七月から一〇年間の任期の間に娘、娘婿をはじめ親戚に地位を独占させた。民営化された企業から莫大な賄賂を受け取った。

二〇〇四年の大統領選挙をきっかけに「オレンジ革命」が起きた。その結果親米派のヴィクトル・ユシチェンコが大統領に就任した。

ユシチェンコは元国立銀行の総裁、首相という立派なキャリアの持ち主だったが、大統領になると兄弟姉妹親戚を公的なポストに就け、その子や親戚縁者がビジネス界で地位を占めた。

大統領選挙でユシチェンコを補佐していたティモシェンコが首相に就任したが、彼女は「石油の女王」と呼ばれていた。

ティモシェンコは、不正な手段で私腹を肥やしたとして投獄されたこともある。またロシアからも、ウクライナの電力会社を経営していた時にロシア国防省の責任者に賄賂を贈ったとして告発されていた。

次の二〇一〇年の大統領選挙では親ロシア派のヤヌコーヴィチが勝った。

『毎日新聞』(2012.10.27)に次のような記事が出ている。

ウクライナは国際会計企業の調査で「汚職がひどい国のワースト三」の一つに挙げられるなど、以前から賄賂の横行が問題視されてきた。とくに現在のヤヌコーヴィチ政権が発足した後は、政界の多数派工作のために賄賂が乱発されるようになったといわれる。今年前半には、旧野党議員団が与党系会派へ「鞍替え」した見返りに、一人当たり五〇万ドルを受け取っていた疑惑が発覚した。

国会議員は不正を隠蔽するような法律を作り、官僚は協力し、司法も法を適用しない。マスコミも媚びる。ヤヌコーヴィチ与党の地域党に関係する人物の息子が若い女性を強姦して焼き殺そうとした事件では、逮捕されたが釈放された。

ヤヌコーヴィチは、ドネツク州国家行政府の長官として勢力と財を蓄積した。さらに大統領に就任すると家族ぐるみで莫大な富を手に入れた。

ヤヌコーヴィチ政権下の様子を独立系テレビ局ＴＶｉのキャスター、ヴィダル・ポルトニコフは語っている。

「ウクライナは、想像に反して、ロシアよりも自由ではない。反対派は実質的な影響力を持たず、司法は独立しておらず、私有財産の概念は存在しない。指導者は昼は市長、夜はギャングのリーダーである」(『ル・モンド』2012.6.1)。

何でもお金で買える、学歴、運転免許証、さらには国会議員の議席さえも。地方の役人は、道路の修理や新しい学校の建設のための予算からお金をかすめとり、また、キーウで中央政府の役人に賄賂を払わなければならない。

汚職の摘発

ロシアの侵攻から半年、九月に入ってウクライナ軍は、大きな反撃攻勢をかけた。ロシアが新たに占領した地域の多くを回復し、南はドニプロ川の西岸、東はもともと分離派が支配していた地域まで押し戻した。

冬を迎え、ロシアの攻勢に備え、春の反撃を行うため、ウクライナは重戦車を欧米に求めた。ポーランドなどが、NATO標準装備のレオパルトを送ることを決定したが、ドイツが難色を示した。レオパルト戦車はドイツ製であるためドイツ政府の許可が必要だった。

レオパルトを供与するかどうかで揺れて年は明け、二〇二三年一月二十一日、ウクライナ国家汚職対策局（NABU）は、ヴァシリー・ロジンスキー地域領土インフラ開発省次官を逮捕した。すでにロシアの侵攻が始まっていた前年夏、発電機などの機器・設備を調達した際に、契約額をつり上げる見返りに四〇万ドルを受け取った疑いである。ロジンスキーは翌日解任された。

また、国防省が食材調達で不自然な高額契約を結んで汚職していた疑惑も報じられた。ヴャチェスラフ・シャポヴァロフ国防副大臣は、軍が卵やジャガイモなどの基本的な食料品を二から三倍高く買っていることを示した、当時の日本円のレートで四五〇億円相当の食料供給契約が報道され辞任した。侵攻の当初報道官をしていた大統領の副首席補佐官キリロ・ティモシェンコも辞任した。

彼は、人道的目的でアメリカのゼネラル・モーターズ社がウクライナに提供した車両を勝手に乗り回していた、一二〇〇平方メートルの豪邸を安く借りていたなどの疑いがある。

国防大臣、副検事総長、地域開発・領土担当副大臣、社会政策担当副大臣そしてドニプロペトロウシク、ザポリージャ、キーウ、スーミ、ヘルソンの五州の知事が辞任したり解雇されたりした。

「もちろん、現在焦点となっていることは防衛、外交政策、戦争である。だからといって、社会のさまざまなレベルで言われていることを見えないふりをしたり聞こえないふりをしたりしてはいられない。

今週は、適切な決定を下す時である。これらの決定はすでに準備されている。今は発表したくないが、すべて公平になる。それぞれの状況で、すべてを詳細に分析する。」

二十二日夜の演説で、ゼレンスキー大統領は述べた。

三日後、アメリカは、重戦車アブラハムの供与を決め、この決定を待っていたかのようにドイツもレオパルトの供与に同意した。

摘発は続いた。

二月一日、キーウの主な税務署が家宅捜索を受け、税関当局の幹部全員が解任された。国防省の調達担当者もウクライナ軍の使用する防弾チョッキの調達に関して資金を横領し不良品を購入した。

また、オリガルヒの一人、イーホル・コロモイスキー、アルセン・アヴァコフ元内務大臣宅なども家宅捜索された。

元経済大臣でキーウ・スクール・オブ・エコノミクスの校長ティモフィ・ミロフナフはツイートした。

「二年前私が大臣だった時、捜査を開始するのは簡単だったが、絶対に逮捕に至ることはなかった。今は違う。」

国家腐敗防止局（ＡＮＰＣ）のオレクサンドル・ノビコフ長官は、ＡＦＰとのインタビュー（23.2.3）で、「戦争の最初の数か月間は、腐敗が事実上消滅していたと確認した」。だが、戦争の最初の衝撃が去ると、「一部の者は古い慣行に戻った」と残念がる。しかし、「戦争開始以来ウクライナ人に前例のない連帯が生まれ、当局に対して未だかつてない信頼が生まれており、国家のいかなる違反も容認しなくなってきている」ともいう。

この摘発で、コロモイスキーに当局の手が伸びたことは注目される。

ウクライナ保安局（ＳＢＵ）はコロモイスキーの容疑は明らかにしなかったが、ゼレンスキー政権が昨年十一月に戦時体制法に基づいて接収した戦略企業の石油採掘大手「ウクルナフタ」と石油精製大手「ウクルタトナフタ」二社をめぐる横領、脱税事案を摘発したと発表しており、この両社にコロモイスキーが関与していた。

コロモイスキーはゼレンスキーが大統領になるきっかけを作った「大統領の僕」を放送したテレビ局のオーナーである。大統領選挙の時にも、ゼレンスキーは当時スイスに住んでいたコロモイスキーのもとに足しげく通っていたといわれる。

コロモイスキーは二〇一四年に一年間ドニプロペトロウシク州の知事であった。アメリカはその時代の「重大な汚職」を理由に制裁対象にしている。ドニプロ大隊やアゾフ大隊など民族派私兵組織への資金提供もしていた。ウクライナの民主化を妨げているネオナチ的な組織にも隠然たる力を持っている。

九月、コロモイスキーは、マネーロンダリング（資金洗浄）や詐欺の罪で起訴された。

ゼレンスキー大統領は、定例記者会見で、具体的な名は出さずに「まちがいなく、一〇年にわたってウクライナを略奪し、法律やあらゆる規則を超えたところにいた者たちはもはや安穏としてはいられなくなる。（略）法律は機能しなければならない」と述べた。明らかに、内外へ向かってのコロモイスキーとの決別宣言であった。

外国の支援がなければ戦争は続行できない。支援を受けるためには腐敗を一掃しなければならない。

実際に関係がどの程度まであったかは別にして、ゼレンスキーは、コロモイスキーから離れ、対立しなければならない立場だった。

しかもウクライナはＥＵ加盟候補国なのだ。

親ロシア派のヤヌコーヴィチ大統領が追放された二〇一四年のマイダン革命の後で就任したポロシェンコ大統領は、腐敗撲滅のための改革にとりかかった。

公共市場の発注についてのデジタル・プラットフォーム開設により、企業も個人も国との契約についてのすべての情報を得られるようになった。公務員に収入と資産の申告の義務を課し、データはネットで見られるようにした。

二〇一五年に汚職防止を担当する国家汚職防止局や汚職の公判前捜査を担当する国家汚職防止局（NABU）とNABUによって調査された刑事訴訟を支持するため汚職防止専門検察庁（SAPO）、二〇一六年には国家汚職防止庁（NAPC）を設立した。一七年には汚職やその他の犯罪によって、ウクライナから違法に持ち出された資産を追跡し、その場所を突き止めるために、資産回収管理庁（ARMA）を設立。一八年には、NABUによって捜査された高レベルの汚職犯罪を扱う常設の専門裁判所として高等反汚職裁判所（BAKC）が設立された。

EUという外圧

ウクライナ政府の発案によって、二〇一七年にウクライナ改革会議が始まった。メンバーは、EU、NATO、G7ほか主要国、世銀、欧州復興銀行など国際機関、市民社会の代表者、民間企業、シンクタンクなど。ウクライナは主な改革の結果を示し、次の年の政府目標を設定し、ウクライナへの投資を奨励する。

第一回目は、イギリスのロンドンで開催された。その後、デンマークのコペンハーゲン、カナダのトロント、リトアニアのビリニュスで開かれた。

ポロシェンコ政権の汚職対策にはEUも積極的にかかわった。

たとえば、要請に応じて民事安全保障（警察など）をEU基準のガバナンスと人権原則に従って改革するためのEUウクライナ諮問ミッション（EUAMウクライナ）が設立され、派遣された。

しかし、ポロシェンコは、EUへの加盟申請はしなかった。

ポロシェンコは菓子メーカーのオーナーで「チョコレート王」といわれ、ウクライナ国立銀行の理事長も務めたオリガルヒである。

オリガルヒは、EUとの経済関係は欲しいが、加盟したくはなかった。

EUに加盟するということは、EUの基準を守るということである。それも微にわたり細に入り具体的に法や制度で実現しなければならない。

オリガルヒにとっていいことはまったくない。

ゼレンスキーがEUへの加盟を望んでいたのかどうかはわからない。だが、戦争によって、EUに加盟申請する以外にはなくなった。

ゼレンスキーが心からコロモイスキーなどオリガルヒと決別することを望んでいたのかはわからない。しかし、彼がキーウに残った時からEUという外圧を受け入れなければならなくなった。そして、その外圧によって、ウクライナは初めて腐敗国家から脱出する可能性を持った。

加盟候補国に認定されてから一年半、二〇二三年十二月十四日、欧州理事会（首脳会談）は、ウクライナの加盟交渉の開始にゴーサインを出した。

危ういところであった。決定は全会一致でなければならない。しかし、権威主義者で親ロシアのハンガリーのヴィクトル・オルバン首相が反対することは明らかだった。そこで、ドイツのショルツ首相が機転を利かせて、欠席を促したのだった。

投票に入る前、オルバン首相は立ち上がり、去った。数分後席に戻ると、投票は終わっていた。全会一致はあくまでも投票者全員の一致である。


じつは、六月の段階で、候補国認定されたウクライナ、モルドバそれに保留だったジョージアの三か国の改革進展状況についての中間口頭報告が行われていた。

これによると、ウクライナは、候補国としての地位を確認するために必要な七つの条件のうち、現段階で満たされているのは司法改革とメディアの独立の擁護の二つだけだという。

残りの部分、憲法裁判所の改革、汚職防止とマネーロンダリング対策、オリガルヒの影響力の低減、少数派への対応など、については、まだまだであった。

この報告を踏まえてポーランドとバルト三国は、できるだけ早期の交渉開始を求めた。これらの国ほど積極的ではないが、スウェーデン、オーストリア、ルーマニアも前進を望んだ。

逆に、ドイツ、イタリア、オランダはブレーキを踏み続け、合理的な基準に基づいて決定を下すべきだと主張し、そうでなければ世論は従わないと主張している。

フランスのマクロン大統領は、交渉開始賛成を表明してはいたが、あまり乗り気ではなかった。十二月の理事会に提出された交渉開始検討のための最終報告でも改革が劇的に進んだとされたわけではない。それでも加盟交渉開始を認め加盟各国はふたたび一つにまとまったのであった。

なお、この十二月の理事会で同時に、モルドバとも加盟交渉に入った。また、ジョージアも加盟候補国として認定された。

戦いは続く

ウクライナの二〇二三年の秋季攻勢ではほとんど領土を回復できなかった。

しかし、驚くにはあたらない。

欧米からの援助は、重戦車や戦闘機に見られるようにつねに遅れ気味であり、何よりも武器弾薬の供給が追い付いていない。ウクライナに約束した三分の一しか供給できなかった。一方、プーチンは北朝鮮という新しい兵器廠を見つけた。ウクライナの兵はロシア兵の一〇分の一の弾薬しか使えなかった。

当初EU諸国は手持ちの武器弾薬を送っていたが、それも尽き、新たに製造している。だが、もともと兵器産業は縮小気味であったのに加えて環境および地球温暖化対策のため、汚染源であるこの分野への投資はむずかしくなっていた。その障害を外し、工場を再稼働させるのに時間がかかっている。

プーチンは、サダム・フセインがクウェートを占領したようにキーウを占領し、政府を転覆させ、「民主的な選挙」で親ロシア派に政権をとらせ、ベラルーシのような実質的な属国にできると思っていた。

ところが、その企ては失敗した。

ウクライナへの侵攻は、いわば口論していた時に手を出してしまったようなものだ。手を出してしまった以上、相手を叩きのめすほかはない。

戦争の初期、二〇二二年三月が和平のチャンスだったという声がある。だが、たとえ停戦がなったとしても、ウクライナに平和が来るわけではない。朝鮮半島のような休戦は不可能だ。

プーチンの目的はあくまでウクライナ支配なのだから、傀儡政権をつくろうとして、さまざまな工作を続けるだろう。

ウクライナ国内の抵抗は、第二次大戦の時、フランスのレジスタンスが「影の軍隊」といわれて隠れながら活動をしていたのとは違い、表の軍隊である。ウクライナ国内では極右民族派の力はますます強くなるだろう。ロシアとの摩擦はすぐに武力衝突になる。

ウクライナはＮＡＴＯに加盟し、ＥＵとの交渉が深まってゆく。ＮＡＴＯやＥＵへの接近が、ウクライナ侵攻の大きな理由であるからプーチンは断固阻止しようとする。

そして、ウクライナはアメリカとロシアの勢力争いの地である。

ロシア軍が首都キーウ進撃を諦めて、ドンバス地方に転戦させたことで、第一次大戦の時のような状況になってしまった。あの時、ドイツ軍が後退して塹壕を掘って持久戦に持ち込んだのは人口が多かったからだ。英国も参戦してはいたが、大陸の戦争のためにすべての若者を送るわけにはいかない。お互いに消耗すればドイツの兵士が残る。

プーチンは、ウクライナの戦争を第二次大戦中の対ドイツ戦、いわゆる大祖国戦争になぞらえているが、あの戦争では、少ない見積りでも一〇〇〇万人を超えるソ連兵が死んだ。

フランスのテレビでコメントする実戦を体験した元将官たちは口を揃えて、今はウクライナは守りを固める時だ、多少後退しても我慢すべき時だという。

新型コロナ禍の時、アメリカが囲い込んだファイザーやモデルナのワクチンを、ＥＵ全体のさまざまな製薬会社で分担して製造して、日本にも送った。それと同じように、秋から各国分担協力して武器弾薬を製造する態勢づくりに努めている。春には十分な供給ができるようになる。

ドイツ、フランスはウクライナと個別に安全保障条約を結んだ。ＥＵとしての支援のほかにも個別の支援をしている。

アメリカでトランプ大統領が当選して支援を打ち切ってもまだ戦い続けられるような態勢をつくろうとしている。ロシアやイラン北朝鮮の武器よりもＥＵ各国の武器の方がずっと優秀だという。それで十分なのかどうかはわからない。

だが、しょせん海の向こうの出来事でしかないアメリカとは違い、ＥＵはウクライナ、ロシアと国境を接しており、戦争を続ける以外にはない。

第2章

ウクライナ介入
プーチンの

西側の高評価

エリツィン大統領に代わってプーチンが新しくロシアの指導者になった頃、アメリカのクリントン大統領は評した。

「彼（プーチン）は、とても頭が良く、やる気があり、確固たる見解を持っているようだ。」

一九八〇年代、サッチャーやレーガンの推進した新自由主義、グローバリゼーションとコンピュータ、通信の発達でファイナンスの世界が肥大化した。

長期的なドル高の影響で、九四年メキシコで危機が発生。九七年にはアジア、九八年にはロシアそしてブラジルへと通貨危機が連鎖した。ノーベル経済学賞を受賞した学者のファンドＬＴＣＭが大損を喰らった。そういった経済の混乱の中、チェチェンはじめ各地で紛争の種があるロシア連邦を治める力を四七歳の新大統領は持っている、と思われていた。

オルブライト国務長官もプーチンとの会談後、

「優れた対話者であり、案件に精通しており、明らかに西側との正常な関係を求めているロシアの愛国者だ」と述べた。

フランスのユベール・ヴェドリーヌ外相も、

「チェチェンの出来事で彼を裁くべきではないと思う。彼は素晴らしい資質を持ち、知性があり、現代の世界を知っている人物だ」と褒め、英国のブレア首相もプーチンを称賛した。

「チェチェンの出来事」とは、黒海とカスピ海の間のコーカサス(カフカス)地方のチェチェン共和国の独立をめぐるロシアとの紛争である。

コーカサス地方は、さまざまな民族の領土が入り乱れており、ソ連崩壊後、南部は、ジョージア、アルメニア、アゼルバイジャンなど独立国となったが、北部のチェチェンはロシア連邦の一部となっていた。

エリツィン大統領の時代、チェチェンでは戦闘、ゲリラ、テロ攻撃がずっと続いていた。プーチンは一九九九年八月に首相、十二月に大統領代行となって、エリツィンの後継者の道を歩むが、彼が首相になった直後、モスクワなどで五件の爆破事件が起こり、三〇〇人を超える死者が出た。ロシアはチェチェンの独立勢力の仕業だとして、侵攻、本格的な戦争となった(第二次チェチェン紛争)。「プーチン時代」は、この侵攻から始まったといえる。

ちなみに、今、ウクライナで、チェチェンの首長ラムザン・カディロフ率いるチェチェン軍がロシア軍と共に参戦し、ワグネルと競合していたが、ウクライナ側にはカディロフの独裁に反対するチェチェンの義勇兵部隊がある。

クリントンに代わったジョージ・W・ブッシュ大統領も、スロベニアで初めてプーチンに会った時、「すばらしい指導者」、「信頼できる」と手放しで賞賛した。九・一一同時多発テロでさらに両者の絆は深まった。チェチェン人はイスラム教徒で、プーチンにとっては、テロリストでしかなかった。

九・一一で、アメリカとロシアの大統領はイスラム過激派対策という共通項を持った。ロシアの発表では、プーチンは同時多発テロの後で一番先にブッシュ大統領に連絡した指導者であるという。

甘い対応

しかし、欧米が幻想を持ち続けている間に、プーチンは変わっていた。反NATO、反欧米、帝国主義的な言説は、年を経るごとにエスカレートしていった。

二〇〇七年のミュンヘン安全保障会議では、プーチン大統領は旧ソ連の領土をロシアの特権的利益地域だと主張し、その後、ジョージアに侵攻した。二〇一四年にはクリミア半島を併合し、ウクライナ東部で内戦を起こした。

しかしながら、欧米は警戒しなかった。クリミア半島の併合時の、欧米の甘い対応に、よく表れている。

今になって、あの時は、一九三八年にチェコのズデーテン地方をナチス・ドイツに併合させたことを英仏などが認めたミュンヘン協定に匹敵するなどといわれている。だが、当時、フランスのニコラ・サルコジ（前大統領・野党党首）は、「クリミアはロシアを選んだ、我々は彼らを責めることはできない」などといっていた。
アメリカのキッシンジャー元国務長官も、二〇一四年三月五日の『ワシントン・ポスト』（アメリカの日刊紙。電子版が主力になっている。民主党寄り）に寄せた論説で次のように述べている。

西側は、ロシアにとって、ウクライナが単なる外国になることは決してないことを理解しなければならない。ロシアの歴史は、キエフ公国から始まった。ロシアの宗教はそこから広がった。ウクライナは何世紀にもわたってロシアの一部であった。（略）アレクサンドル・ソルジェニーツィンやヨシフ・ブロツキーのような有名な反体制派でさえ、ウクライナはロシアの不可欠な部分であると主張した。

EU（欧州連合）は、二〇一四年のクリミア半島併合以来、ロシアへの経済制裁を行っていた。だが、ロシアの経済を弱体化させ、プーチン大統領の野望をくじくには程遠いものであった。今となっては、このだらだらと続けた経済制裁は、ただロシアが新しい経済貿易戦略を練る時間を与えただけだったように見える。
制裁を課しながらも一方で、ロシアからドイツへの直接のガスパイプライン、ノルドストリームの二本目をつくった。ロシアが「ノルドストリーム2でウクライナを潰す！」と公然といっていたにもかかわらず。

もともとヨーロッパへのガスパイプラインはウクライナを通っており、多額の通過料収入がウクライナ政府にあった。ゼレンスキー大統領は、ノルドストリーム2は「ウクライナの安全保障に対する深刻な脅威」だと警告していた。少なくとも年間三〇億ドルの収入がなくなる。軍備費も大きく減らさなければならなくなるからだ。

EU諸国の本音は、ウクライナよりもロシアだった。

二〇一六年四月、EUとウクライナの間の連合協定に関して、オランダの国民投票は否決した。

ゼレンスキーが大統領になった二〇一九年の夏、マクロンはバカンス先のフランス大統領専用施設ブレガンソン要塞にプーチンを招いた。ウクライナでは東部の親ロ独立派との紛争の真っ最中であったが、まったく関係なく歓待し、プーチンは芝居がかった仕草で跪いて白い花束をマクロン夫人に捧げた。

マクロンは、記者団に、「ロシアは心底ヨーロッパである。私たちはリスボンからウラジオストックまでのヨーロッパを信じている。私たちはEUとロシアの安全保障と信頼を再構築しなければならない」と語った。

フランスにとって、ロシアは伝統的なパートナーである。また、現在フランス企業もたくさんロシアに進出している。バブル景気の頃は、日本人がパリの高級ブランドの上客だったが、中国とロシアに変った。ニースの象徴的な一等地プロムナード・デザングレの一番地がロシア人に買われたと大きなニュースにもなった。オリガルヒは、裏世界との関係があったり、マネーロンダリングしたりするので、公式には要注意とされていたが、現実には「お金には臭いはない」と大歓迎だった。

サルコジの大統領時代ずっと首相を務めたフランソワ・フィヨンや、ドイツのゲアハルト・シュレーダー元首相は、引退後ロシアの会社の重役として多額の報酬をもらっていた。

二〇二一年六月十六日、米国とロシアの首脳会談が、スイス・ジュネーヴのレマン湖畔にある緑豊かな邸宅で行われた。バイデン大統領の就任以来、初めてのプーチン大統領との対面であった。

アメリカはロシアに対して経済制裁をしており、お互いに非難合戦を繰り広げ、相互の外交官の解任などが起きていたが、この席では主に、サイバーセキュリティーと核兵器の制限に関する協議の開始について話し合われたという。

プーチン大統領は会談後の記者会見で、「いかなる敵対感情もなかった」と述べた。バイデン大統領はロシアとの「安定した」、「予測可能な」関係を確立したいとしていた。

この会談から三か月後、ベラルーシとの恒例合同軍事演習だとして、ロシア軍はベラルーシ国内ウクライナ国境付近の兵員の配備・増強を開始した。

ゼレンスキー大統領は警告を発したが、ＥＵは、「懸念を理解する」と述べただけであった。

ウクライナは、ロシアが国境付近への大軍隊の集結を始める前から、ヨーロッパ各国に軍備の支援を求めていた。バルト三国など東欧の一部は好意的に反応したが、フランスもドイツも、ＥＵの大半の国は「後で」とか「いつか」とかいうだけであった。

ロシアがウクライナ国境に一二万人の兵士と装備を集結した時でさえ、この戦争は不合理で、費用がかかり、失敗する運命の計画であるとして武力紛争を信じておらず、プーチンは「ブラフ」をかけているのだと見られていた。

プーチンの三つの信念

二〇〇四年五月、四年の任期を終えたプーチンは大統領に再選された。

野党はボイコットを呼びかけたが、プーチン大統領はあらゆる手段を用いて投票を奨励した。選挙で選ばれた、憲法を守った、といわば民主主義を味方にすることで、政権を強固なものにするのである。六四％の投票率で、七一％の支持を得た。これは、初当選の時の五三％、一九九六年にエリツィンが獲得した五四％をはるかに超えるものであった。

それから三か月余りたった九月一日、コーカサス地方の小都市ベスランで、チェチェン共和国の反政府勢力による小学校占拠事件が起きた。三日に強行突破が敢行され、子供一八六人を含む三八六人が死亡した。

このベスラン事件の時、プーチン大統領は「三つの信念を引き出した」と、ミシェル・エルチャニノフは語る。彼はフランスの哲学者で『ウラジミール・プーチンの頭のなか』の著者である（『レゼコー』2022.3.9)。

第一に、彼の顧問たちが「指導民主主義」あるいは「権力の垂直性の強化」と呼ぶものを強調し、地方の責任者の不始末と戦う必要があるということ。ロシアのような巨大で多民族で多宗教の国は、分離主義への誘惑があり、強い手で導かれなければならない。

第二に、七〇年にわたる共産主義とソビエト後の混乱から抜け出したロシアでは西側諸国は歓迎されないということ。

そして第三に、イスラム教の宗教的狂信に対する彼の反応は、道徳を宗教に依拠させたいということであった。彼はまさに再生しつつある正教会に近づき、キリスト教の価値観が倫理の基盤であると宣言した。プーチンは保守的な転回をした。

プーチンは、エリツィンの大統領代行になった時、「愛国心、国家権力、そして宗教」によってロシアを結集するといっていた。この時に初めて、信念を持ったというよりも、彼の中にあった信念がさらに確固としたものになり、具体的な形を持ったというべきだろう。

事件終結の九日後、プーチン大統領は、この事件を総括するために開かれたロシア連邦を構成する各共和国と地方首長を集めた会合で、権力のメカニズムを「根本的に修正」するという方針を示した。それは、同年末に、地方知事を直接普通選挙で選ぶことをやめる、下院議員選挙は選挙区と比例が半々であったが、これをすべて比例にする、全国の裁判官の任命について大統領が厳格に監督する、などの法律として実現した。

　比例代表制にすると、普通は小さな政党が議席をとれるようになって議会の勢力が分散する。しかし、一つの勢力が圧倒的な票をとれるならば、そのまま議席に反映するので、必ず議会を支配できる。ロシアでは、選挙干渉・違反が当たり前である。そういった不正も使って、これを実現できるようになっていた。つまり大統領の権限強化である。

　ソ連崩壊後、権力を掌握したエリツィン大統領は、「自由と民主主義」のロシアを宣言した。しかし、政権の地固めが終わると憲法を代えて、大統領の権限を強めた。エリツィン皇帝の皇太子といわれたプーチンは、さらにそれを進めて独裁化を図ったのである。

プーチンの候補、ヤヌコーヴィチ

プーチン再選の二〇〇四年の秋、ウクライナで大統領選挙があった。

第二代大統領クチマは二期一〇年間務め、憲法の規定により三選が禁止されていた。

二四人が立候補していたが、最有力候補は、元中央銀行総裁で、一九九九年末から二〇〇一年五月まで首相を務めたヴィクトル・ユシチェンコと、その後就任した現首相のヴィクトル・ヤヌコーヴィチであった。ヤヌコーヴィチはクチマ大統領の後継者とされていた。

ユシチェンコは、アメリカ人の妻を持つ親アメリカ派で、ヤヌコーヴィチはウクライナ東部ドンバス出身の親ロシア派である。

プーチン大統領は、ヤヌコーヴィチを全面的に支援した。まだこの頃、プーチンは、ウクライナで人気があった。

第一回投票の三日前、十月二十八日、プーチンは、首都キーウでのナチスに対する勝利の六〇周年記念軍事パレードに出席した。その傍らには、ヤヌコーヴィチがいた。テレビのインタビューでも、ヤヌコーヴィチ内閣を褒めたたえた。

第一回投票の選挙運動中、メディアへの圧力や野党の青年組織に対する警察の脅迫などがあり、国際選挙監視団は「非民主的であった」と評価した。しかし、選挙は続行された。

決選投票は予想通り、ユシチェンコとヤヌコーヴィチになった。

投票の八日前、プーチンはロシアとクリミア半島を結ぶフェリーの開通式に列席した。ウクライナのクチマ大統領と共にロシア側から乗り込み、ウクライナ側のケチマ港でヤヌコーヴィチ首相に迎えられた。

プーチンは記者団に、わざとらしく「ウクライナ大統領選については語らない」と念を押した。

決選投票は十一月二十一日に行われた。プーチンの目論見通り、ヤヌコーヴィチが当選した。

ところが、投票の日、中央選挙管理委員会で一晩中開票を見守っていたユシチェンコは、当局に対して「ドネツク州とルハンシク州で投票用紙の完全な改ざんが行われた」と非難した。

何万人もの支持者が早朝からキーウの独立広場に集まった。独立広場に通じる道は警察によって遮断されたが、街路は次第にユシチェンコのシンボルカラー、オレンジ色に染まっていった。「オレンジ革命」の始まりである。

キーウ市議会は、大統領選挙の結果を認めることを拒否し、ウクライナ議会にそれを認証しないよう求めた。西部のリヴィウ市はヤヌコーヴィチ勝利の公式結果を拒否し、ユシチェンコの勝利を宣言した。国際選挙監視団長は「ウクライナ大統領選挙の第二回投票は、欧州安全保障協力機構(OSCE)、欧州評議会および民主的選挙に関するその他の多くの欧州基準を満たしていない」と宣言した。EUもアメリカも、選挙の結果を認めないと表明した。

なお、OSCEというのは、まだ東西冷戦中の一九七五年、ベトナム戦争が終わってまもない頃、フィンランドのヘルシンキでソ連も参加した全欧安全保障協力会議があり、国境不可侵、武力行使と内政干渉の禁止などを約束し、その合意を冷戦終了後に発展させて一九九四年に発足した組織である。欧州北米アジアの五七か国が加盟している。日本も協力パートナーとなっている。

それでも二十四日、選挙管理委員会は、ヤヌコーヴィチ当選を宣言した。

ゼネストが始まった。

十二月三日、最高裁判所が大統領選挙の結果を無効とし、新しい決選投票を命じた。

二十六日、一万二千人の国際監視団が監視する中で大統領選挙が行われた。

ユシチェンコが五二％の得票率で勝利した。政府の建物の前でピケを張っていた支持者も解散した。

ヤヌコーヴィチは異議申し立ての訴訟をいくつも起こした。二〇〇五年一月六日最高裁判所はそれらを却下、二週間後、ユシチェンコ当選が確定した。

前年には、ジョージア（旧称グルジア）でバラ革命が起きて、ソ連のゴルバチョフ政権時代の外相だったエドゥアルド・シェワルナゼ大統領が失脚し、親米派政権ができていた。背後にはアメリカがいるといわれていた。

ロシアはウクライナまで失うわけにはいかなかった。

しかし、同じようなことがふたたび起きてしまったというわけだ。

プーチンによる復讐

ヤヌコーヴィチの敗北、しかも、いったん当選していたのに再選挙となっての敗北は、プーチン大統領にとってこの上なき屈辱であった。

選挙に不正があることなど、プーチン大統領にとっては当たり前のことなのである。前年十二月のロシアの国会総選挙、プーチンが大勝した大統領選挙でもそうだった。それに対して抗議が起こる方がおかしいのだ。

しかしプーチンは、顔に泥を塗られておめおめと引き下がるような人間ではない。執拗にウクライナに圧力をかけた。そこで使われたのが、天然ガスである。

二〇〇五年四月、ウクライナに天然ガスを供給しているガスプロムは、ウクライナ向け天然ガス供給価格を三倍に値上げすると通告した。

ガスプロムは、ロシア政府が過半数を持つが、あくまでも独立した株式会社であって自主的に決定をするとされている。だが、本格的に始動しはじめた親欧米派のユシチェンコ政権への揺さぶりであることはまちがいなかった。

二〇〇六年一月一日、ガスプロム社はウクライナ向けガス供給を停止した。

ウクライナのパイプラインは欧州各国に通じている。パイプラインを閉めることは、ウクライナを脅す手段であると同時に、欧州全体への経済制裁を課すのと同じことになる。欧州各国が全面的にウクライナと連帯するのはロシア軍の侵攻が始まった二〇二二年二月二十四日からである。この当時、欧州各国の批判の矛先はウクライナに向けられる。プーチン大統領はいわばウクライナを挟み撃ちにしたのである。

ユシチェンコ大統領は、選挙中に彼を補佐していたティモシェンコを首相に任命した。

しかし、ユシチェンコとの間に対立が起き、わずか八か月でティモシェンコは首相を解任された。

個人的感情や政治的な理由だけでなく、民営化された国営企業の支配も絡んでいた。民主革命だった「オレンジ革命」は特権階級オリガルヒの勢力争いという側面も持っていたのだ。

オレンジ革命の時、国会（国家最高議会）は解散されなかった。総選挙は、二〇〇六年三月二十六日に行われた。その結果、全四五〇議席中、ヴィクトル・ヤヌコーヴィチの地域党が一八六議席を獲得、ティモシェンコ・ブロックが一二九で続いた。大統領与党のユシチェンコの「我らのウクライナ」は八一、続いてウクライナ社会党三三、ウクライナ共産党二一。

「地域党」と「ティモシェンコ・ブロック」と「我らのウクライナ」が三つ巴になり、三か月にわたる交渉の後、「我らのウクライナ」とティモシェンコ・ブロック、社会党が連立政権樹立を発表した。ところが、その二週間後、社会党が親ロシア派に寝返る。

これで「地域党」を中心とする親ロシア派が過半数となった。

ユシチェンコ大統領は憲法の規定で八月二日までに首相を決めなければならない。ヤヌコーヴィチを任命するか国会解散するかの選択を迫られた。

ユシチェンコは、ヤヌコーヴィチを首相に任命した。


ヤヌコーヴィチ首相は、十一月のNATO首脳会談での加盟立候補を無期延期した。十二月二十二日プーチンはキーウを訪れ、「兄弟国を助ける用意がある」と語った。

もともとユシチェンコ大統領は親米、ヤヌコーヴィチ首相は親ロシアである。軋轢がたえず、一年足らずで議会は解散された。

二〇〇七年九月三十日に行われた国会議員選挙の後、ティモシェンコ・ブロックと「我らのウクライナ・人民自衛」連合との連立内閣で、親米派のティモシェンコが首相に任命された。

すぐさま、ロシアはまた天然ガスを武器に干渉をする。

二〇〇八年二月、ガスプロムは、ウクライナがガス購入代金として約一五億ドル滞納していると主張し、供給の停止を警告した。交渉の末、停止は避けたものの、三月三日ガスプロムはガス供給を合計三五％削減した。なお、ウクライナが備蓄を取り崩して対応したことから、二〇〇六年のような欧州全体への影響は回避された。

ところが、二〇〇八年十二月三十日ガスプロムは、十一月（八億五八〇万ドル）と十二月（八億六二三〇万ドル）のガス代および支払い遅延のペナルティ（四億五〇〇〇万ドル）として、キーウから二一億ドル以上を請求し、全額返済しなければ二〇〇九年一月一日からガスを止めると警告した。

一月一日の朝、ウクライナへのガス供給の中断を発表した。

このため、ブルガリア、ギリシャ、トルコ、マケドニアへのガス供給が全面停止してしまった。

二〇一〇年、大統領選挙が行われた。こんどもヤヌコーヴィチが勝った。

ただし、前回とは違って、国際選挙監視団は、大きな不正は見られなかったとした。

フランスはじめ西欧諸国はオレンジ勢力の内紛に苛立っており、ほとんど懸念を表明しなかった。

むしろロシア語圏の東部を代表する地域党が政権に復帰することは、ウクライナに政治的安定をもたらすであろうと考えていた。

二〇一〇年十二月十五日、ティモシェンコ前首相が自宅で軟禁された。政権の座にあった時、温室効果ガス排出量の割り当て代金を流用した疑いである。

ＥＵ各国は警告と非難はしたが、具体的な措置は何もとらなかった。

一〇か月後、二〇一一年十月一日、ティモシェンコは、禁固七年の実刑判決を受け、収監された。このほか、すでに前政権の四人の大臣が横領と権力の乱用で収監されていた。

マイダン革命

ヤヌコーヴィチ大統領は、二〇一三年十一月二十八日に予定されていたＥＵとの連合および自由貿易協定の調印をキャンセルした。

その一か月前、ヤヌコーヴィチはロシアのソチで、プーチン大統領と五時間にわたる会談を行っていた。ＥＵとの連合および自由貿易協定に署名しないようにという圧力をかけられたのである。

ウクライナ語で「広場」を「マイダン」というが、ただマイダンといえばキーウの人々にとっては独立広場のことである。そこに、ヤヌコーヴィチ大統領の辞任を要求して人々が続々と集まった。

十二月一日の日曜日には一〇万人以上の人々がキーウや他の主要都市の街頭に集まり、警察は激しく弾圧した。少なくとも一九〇人が負傷した。二日、デモ隊はキーウの市庁舎を占領し、さらに官庁街へと通じる道を遮断した。

年を越して、一月十七日、デモ規制強化法案が国会を通過し、大統領が署名した。この強硬姿勢に反発して、多くのウクライナ人がふたたび日曜日に街頭に出るようになった。

一月二十六日日曜日の夜、何十人ものデモ参加者が、さしたる抵抗にあうことなく司法省に侵入した。彼らはすぐに雪とゴミの袋で建物の周りにバリケードを築いた。

二日後、ミコラ・アザロフ首相は、危機の「平和的解決のために」辞任を申し出た。実際は、反対派をなだめるための大統領による罷免である。

二月二日、ウクライナの米国大使館は、インターネット放送で、「反対意見を聞き、統一と正統性を損なうことのない政府を設置することを望む」というオバマ大統領のビデオメッセージを流した。

十九日から二十日にかけて政府は強力な弾圧にでた。マイダン広場の周辺で実弾を発射、数十人にのぼる抗議の市民を射殺した。

二十一日、ヤヌコーヴィチは大統領府から姿をくらませた。

翌日、国会は、キーウを去ったヤヌコーヴィチ大統領は職務を遂行することができないと宣言。ティモシェンコに近いオレクサンドル・トゥルチノフ国会議長が暫定大統領になった。

夕方、刑務所から釈放されたばかりのティモシェンコは、マイダンに集まった五万を超える人々の前で大歓迎を受けた。

二十五日、国会はヤヌコーヴィチを国際刑事裁判所に大量殺人と人道に対する罪で告発した。

二十六日、マイダンで群衆に向けて新しい内閣が提案された。

プーチン大統領の、ウクライナをベラルーシのような自分の言いなりになる国にするという計画は水泡に帰した。

プーチンは二〇〇四年に再選された後、憲法の規定により三選はできないのでドミートリー・メドヴェージェフを大統領にして自らは首相となり、二〇一二年には大統領に戻っていた。ヤヌコーヴィチはプーチンのこの独裁の道と共に歩んでいた。プーチンの作品だったといえる。それがウクライナ市民によって打ち砕かれてしまったのである。


オレンジ革命の時には、プーチン大統領は天然ガス供給を武器にした。マイダン革命に対しては、プーチン大統領はもっと厳しくあたった。

ヤヌコーヴィチ解任を知ると共に、軍隊に緊急事態を宣言し、ウクライナ国境に集めた。

二月二十七日武装した男たちが、クリミア半島のシンフェロポリにある地方政府とクリミア議会の建物を占拠し、ロシアの国旗を掲げた。

クリミアは、特殊な歴史を持っている。一八世紀末にロシアがタタール人のクリミア汗国を滅ぼして併合、十九世紀中葉のクリミア戦争で、オスマン帝国・英仏がロシア進出に対抗。ソビエト連邦ではロシア共和国の領土だったが一九五四年にフルシチョフが、クリミアをウクライナに編入した。なお、ソ連の時代であるから、ウクライナであろうが、ロシアであろうがあまり差はなかった。

独立運動が起きたこともあり、ウクライナではクリミア自治共和国として、特別に大きな自治が認められていた。

二〇〇一年現在の民族構成はロシア人五八・三%、ウクライナ人二四・三%（うち五九・五%が母国語ロシア語）である。

三月十一日クリミア議会は独立を宣言、十六日に住民投票が行われた。公式結果は、九六・六%と圧倒的多数でロシア併合賛成。ただし、反対派はボイコットしていた。

三月十八日、「クリミア議会の要請に基づき」、クリミアはロシア連邦に併合された。

東部南部諸州のドンバス地方でも、親ロシア派による反乱が起きた。ウクライナ政府は対テロ作戦の名目で反撃した。

アメリカとの対決

先述のように、二〇〇四年にウクライナの大統領選挙があって、「オレンジ革命」が起きたのだが、あの選挙でまず思い出されるのは、ユシチェンコ候補が突然顔中あばたになった写真である。第一回投票まで二か月を切った九月五日、ユシチェンコは、ウクライナの諜報機関の責任者と夕食を共にした。その後彼は緊急搬送された。

十日には、キーウからウィーンの病院に移送された。十二月にはカテルィナ夫人がアメリカのABCテレビのインタビューで、ダイオキシン中毒と明らかにした。

ただし、この件については、当初から、ウィーンの病院の責任者がユシチェンコ陣営からの圧力で、毒殺の可能性があるとする診断書をつくったと批判がでていた。

二〇〇八年六月のAFP電によると、英国のBBCのウクライナ語版ウェブサイトでユシチェンコの選挙対策本部の関係者が実名で、「すい炎から生じた通常の食中毒」であり「すべての診断結果は、まちがいなく改ざんされたものだ」、ダイオキシン中毒は、「選挙参謀が考え出したもの」と語った。

オレンジ革命で大統領になったユシチェンコが、アメリカの財団から支援を受けていたのは公然の秘密であった。オルブライト元国務長官など要人もウクライナを訪問した。ロシアの国営メディアは、アメリカ女性と結婚しているユシチェンコを「ワシントンの操り人形」と呼んでいた。夫人は、ＣＩＡのエージェントだという噂も流れた。この手のあらゆる話のように、明らかな証拠はないが。

ただはっきりしているのは、アメリカは、ウクライナの「オレンジ革命」を支持し、ユシチェンコは大統領就任後のアメリカ訪問で大歓迎されたことだ。ホワイトハウスでのジョージ・Ｗ・ブッシュ大統領との会談の後、合同議会でのユシチェンコの演説は、スタンディング・オベーションによって数回中断されるほどだった。

ウクライナは、プーチンにとって、アメリカとの直接対決の場となった。

アメリカとの対抗意識は、ＮＡＴＯへの被害者意識に変わる。

二〇二二年二月二十四日のウクライナ侵攻の時のプーチン大統領の演説は次のように始まる。

私は今日、ドンバスで起こった悲劇的な出来事と、ロシアの安全の確保の要となる側面について、改めて話す必要があると考える。

二〇二二年二月二十一日の演説で私が述べたことから始めたい。私は我々の最大の懸念と心配について、そして西側の無責任な政治家たちが毎年一貫して粗暴かつ無礼にロシアに対して生み出してきた根本的な脅威について話した。

そして、その二月二十一日の演説でプーチン大統領はＮＡＴＯを非難している。

ここ数年、演習という口実のもとに、ウクライナ国内にはほぼ常時、ＮＡＴＯ軍の部隊が駐留してきた。

ウクライナ軍の指揮統制システムはすでにＮＡＴＯのそれに統合されている。

それはつまり、ウクライナ軍は個々の部隊や支隊であっても、ＮＡＴＯ本部から直接指令を受けることができるということだ。

アメリカとＮＡＴＯは、起こりうる軍事活動の舞台としてウクライナ領土を厚かましく開発し始めた。

定期的な合同演習は、明らかに反ロシア的なものだ（訳：ＮＨＫ。以下も）。

指揮統制システムはすでにＮＡＴＯのそれに統合されている、というのは事実に反する。だが、定期的な合同演習を行っているのは事実である。

ロシアによるウクライナ侵攻の八か月前、二〇二一年六月二十八日から七月十日までにも、「シーブリーズ２０２１」が行われた。黒海のオデッサ港沖における、ウクライナとＮＡＴＯを中心にした軍事共同演習である。船舶三二隻、航空機四〇、兵士五〇〇〇、参加国三〇か国でこのほかに日本などがオブザーバーで観戦した。後半では陸上演習もあった。

ウクライナ侵攻の二か月半前、二〇二一年十二月七日にプーチン大統領はアメリカのバイデン大統領とオンライン会談を行い、「ロシアの兵士は自国の領土にいる。彼らは誰も脅迫していない」と言いつつ、ウクライナ周辺で軍事力を強化しているのはNATOの方だ、としてこれ以上NATOの東方への同盟拡大をしないという「法的保証」を求めた。

二月二十一日の演説で、プーチンはこの点について、ロシアとNATO加盟国との安全保障措置に関する協定案として提案した三つのポイントを喚起したという。

- NATOのさらなる拡大を阻止すること。
- NATOがロシア国境に攻撃兵器を配備するのをやめること。
- NATOの軍事力とインフラを、ロシア・NATO基本議定書が署名された一九九七年当時の状態にまで戻すこと。

一九九七年というと、まだソ連領だったバルト三国はもちろんのこと、ポーランドやハンガリーなどソ連の影響下（支配下）にあった東欧の諸国は、まだNATOに加盟していない。

『ロシア人とウクライナ人の歴史的一体性について』

軍事共同演習「シーブリーズ2021」の直後、まだ黒海に艦艇が残っていた頃、プーチン大統領は、『ロシア人とウクライナ人の歴史的一体性について』という小論文を発表した。その中で、「確信」を滔々と記している。

ロシア人、ウクライナ人、ベラルーシ人は皆、かつてヨーロッパ最大の国家であった古代ルーシの子孫です。ラドガ、ノブゴロド、プスコフからキエフ、チェルニゴフに至る広大な地域で、スラブ族をはじめ諸部族は、(現在古代ロシア語と呼ばれる)一つの言語と経済活動でつながり、リューリク朝の大公の下に統一されていました。ルーシの洗礼後は、皆正教を信仰するようになりました。キエフ大公にしてノブゴロド公であった聖ウラジーミルが行った宗教上の選択は、今日もなお、多くの点で私たちの同族性の源となっています(訳:在日ロシア大使館フェイスブック。以下も)。

二月二十一日の演説でプーチン大統領はいう。

ウクライナは、私たちにとって単なる隣国ではない。それは、私たちの独自の歴史、文化、精神世界から切り離すことのできない一部分だ。同僚や友人、かつての戦友だけでなく、親戚、血縁や家族の絆でつながっている人々など、私たちの同志であり、親族でもあるのだ。歴史的なロシアの土地の南西部に住む人々は、ずっと昔から、自分たちのことをロシア人であり正教徒であると称してきた。（略）十七世紀にこれらの土地の一部がロシア国家に再統合された前も後も、そうだった。

ところが、ロシア革命を引き起こしたレーニンとその仲間たちは、その歴史的背景を無視した。たしかに、ウクライナを、彼らは形式上一つの国として独立させ、ソビエト社会主義共和国連邦の一部として組み入れるという形にした。このために、ロシアとウクライナは別だという幻想をウクライナ国民に持たせてしまったのだ。

歴史を振り返ってみよう。

十世紀に現在のウクライナ北部にキエフ公国が成立した。一時は、現在のロシア、バルト三国、ベラルーシ全域そして、ロシアおよびポーランドの一部を含むバルト海から黒海までの広範囲を領土とした。だが分裂し、さらに、十三世紀のモンゴルの来襲で滅んだ。

モンゴルの支配が終わると、分裂した旧キエフ公国の一つ、東の辺境であったモスクワ大公国が勢力を増し、ウクライナ東部を支配することになる。西部には一時独立国ができたが、十四世紀の末に、王位継承者がなかったことから、リトアニアとポーランドが王位継承戦争を行い、ポーランド・リトアニアがウクライナを分割支配した。こうして独立国としてのウクライナはなくなる。

十七世紀には、東部はロシア、西部はポーランド・リトアニア、東南部はコサック、そしてクリミア半島など黒海およびアゾフ海沿岸はオスマン・トルコが支配していた。十八世紀後半には沿岸地帯が編入され、その後、ポーランドの衰退などもあり、二十世紀、第一次大戦前夜にはほぼロシア領となっていた。

第一次世界大戦中の一九一七年、ロシア革命が起こった。

さまざまな独立運動があったが、ウクライナは結局社会主義共和国としてソ連の一部になる。ウクライナは歴史的に、南部と東部はロシアに向き、西部はヨーロッパに向いている。ロシア革命の時、西部ではロシア旧勢力の白軍を支持し、東部は共産革命の赤軍を支持した。

第二次大戦では、西部はヒトラーのドイツを、東部はスターリンのソ連を支持した。

ナチスの台頭と共に、民族派はナチスと協力して、反ソ連として独立を勝ち取ろうとする。

このあたり、アジアの状況とも似ている。インドでも中国でもインドネシアでも、民族派は軍国日本の支援を受けた。そもそも、中国の孫文にしても日本の右翼の庇護を受けていた。一九〇二年に調印された日英同盟も英国側からすれば、日本の右翼のインド独立運動支援を抑える目的があった。

アジアでも民族・独立派が親日派と反日派に分かれたように、ウクライナでも親ナチス・ドイツ派と反ナチス・ドイツ派に分かれた。

ウクライナ民族解放運動の指導者ステパーン・バンデーラは、ナチスがソ連に侵攻した後にヒトラーに協力した。彼は今でもウクライナで顕彰されているが、それをプーチンはウクライナのナチ化の証拠としている。

実際には、彼はナチスとも戦った。ウクライナ独立のために、ソ連、ドイツ双方と戦ったのである。

戦後は国連にソ連とは別にウクライナ共和国として加盟したが、ソ連が欧米との対抗上、票をかせぐための便法にすぎなかった。数少ない不凍港を持つウクライナは、ソ連になくてはならないものだった。

「歴史が加速している。」

一九九一年八月二十四日の晩のフランス国営テレビのニュースはこの一言で始まった。この日、ウクライナが独立宣言した。

「ナチに追われた」

二〇一四年二月二十一日に大統領府から姿をくらましていたヤヌコーヴィチはロシア政府機関の手引きでロシアの南部ロストフオンドンに逃亡していた。

ヤヌコーヴィチは逃亡先で記者会見をした。

「ナチに追われた」とし、ユダヤ人迫害の「ポグロム」にたとえ、ウクライナはネオファシストの手に落ちたと繰り返し強調した。

それから八年、二〇二二年二月二十四日、侵攻の時の演説でプーチン大統領は、「我々は、力によって誰かに何かを押し付けるつもりはない」といい、「国境の存在にもかかわらず、単一の全体として内側から強化する」ことを求めるのだという。ヤヌコーヴィチが政権に復帰すれば、まさに彼のいう通りになったはずだった。

侵攻から五か月半後、八月四日、EUは、ヤヌコーヴィチとその息子オレクサンドルを制裁対象に加えた。

その理由書に次のようにある。

彼(ヤヌコーヴィチ――引用者注)は、二〇一四年三月にロシア連邦大統領にロシア軍をウクライナに派遣するよう要請することで、ロシアのウクライナへの軍事干渉に貢献した。
ウクライナで新たに捜査が開始され、ヴィクトル・ヤヌコーヴィチ氏が二人の元国防大臣と共に、とくにクリミア自治共和国で、ウクライナの防衛能力を自発的に削減したことが明らかになった。彼は自分自身をウクライナの正当な大統領であると考えており、公の場での発言ではつねに親ロシアの立場をとってきた。

また、次のようにも述べる。

さまざまな情報源によると、ヴィクトル・ヤヌコーヴィチ氏は、ウクライナに対する不法で正当な理由のない軍事攻撃の最初の段階で、ウクライナ大統領を自分自身に置き換えることを目的としたロシアの特別作戦に参加していた。さらに、チェチェン共和国のラムザン・カディロフ首長は、ウクライナ大統領に対し、ヴィクトル・ヤヌコーヴィチにすべての権限を委譲するよう要請した。

八月十九日『ワシントン・ポスト』紙は三月初旬にヤヌコーヴィチは将来の傀儡政権のメンバーと思われる人々と共にベラルーシで待機していた、と伝えている。

極右民族派の台頭

マイダン革命のスローガンは「ウクライナに栄光あれ、英雄に栄光あれ」だった。これはもともと極右民族派「自由」のものだった。

「自由（スヴォボダ）」は一九九五年にウクライナ社会ナショナリスト党として発足した。今あえて「ナショナリスト」と残したのは民族主義、国家主義の両方の訳語が入るからだ。二〇〇四年に、「自由」（スヴォボダ）に改名した。

反共産主義、人種差別的で反ユダヤ主義、そして同性愛者のパレード、ゲイ・プライドを阻止したりした。

二〇〇九年十一月には、パリで、フランスの極右政党国民戦線（ＦＮ）が提唱する国際組織、愛国主義者連合への合意文書に調印した。

ＦＮの党首ジャン＝マリー・ルペンは前からの友情の具体化であり、「我々は多くの共通点、理想を持っている」と笑顔で握手しハグした。

ちなみに、ＦＮは一九六八年の五月革命の左翼に対抗する右翼学生運動やアルジェリア戦争の時の反ド・ゴール派秘密軍事組織を主体として結成されたもので、党首のジャン＝マリー・ルペンは、元パラシュート部隊を売り物に左目にはトレードマークの黒い眼帯、右目の眼光も鋭かった。ところが、一九八三年の統一市町村選挙の時に、大きくイメージチェンジした。ルペンは眼帯を外し軽く金色に染められたオールバックの髪で優しく微笑んでいた。それから一〇％を超える票を得るようになり、二〇〇二年の大統領選挙では、ルペンが一六・八六％の得票率で決選投票に残った。その後、ジャン＝マリーの娘マリーヌ・ルペンがさらにこの穏健化路線を押し進め、父で党の創始者でもあるジャン＝マリーを党から除名し、二〇一七年の大統領選後に党名も国民戦線（FN）から国民連合（RN）に変えた。かくして、ここ二回の大統領選ではマクロンと決選投票を争うようになった。

「自由（スヴォボダ）」は二〇一〇年の大統領選挙では、党首が一・四％しか取れなかったが、二〇一二年の国会議員選挙では一〇％の票を得て、三七議席を獲得した。

ヤヌコーヴィチ大統領の下で行われた二〇一二年の総選挙でティモシェンコの党「祖国」は、この「自由」と全ウクライナ野党連合を組んだ。この頃、「自由」はヤヌコーヴィチ政権を「ユダヤ・モスクワ・マフィア」と罵倒していた。

マイダン革命直後に成立したアルセニー・ヤツェニュク内閣には「自由」から副首相、エコロジー天然資源相、農業食糧相、国防相が入った。

マイダン革命の時、独立広場にいたのは「自由」だけではなかった。中には、ヒトラー礼賛のビラを撒くようなもっと過激なネオナチ・民族派もいた。

二〇一四年、マイダン革命後クリミアをロシアが併合し、東部の親ロシア派分離主義者の蜂起が起きていた五月二日、南部の黒海に面した港町オデッサでマイダン革命の新政権支持の極右民族派と親ロシア派武装勢力による大規模な衝突が発生した。親ロ派が占拠した労働組合会館が放火され、四八人が死亡、二百人を超す負傷者を出した。ロシアは、マイダン革命に参加した極右民族派が放火したのだとし、ウクライナ側はそんな証拠はないとしている。

「プーチン大統領が侵攻四日前のマクロン大統領との電話で「生きたまま焼かれた人々がいた」といっているのは、この事件をさす。

さらに、親ロシア派分離主義者と戦う民兵組織が続々と生まれた。有名なアゾフ連隊（アゾフ大隊）もそれである。その背景には親ロシア派オリガルヒに対抗するオリガルヒの支援があった。ウクライナ政府はこれら民兵組織を次第に正規軍に取り入れていった。

マイダン革命はアメリカが糸を引いたクーデターだったという説がある。私はアメリカの関与や影響はあったにしろ、あくまで民主化運動であったと思う。ただし、運動の過程で極右勢力が主導権を握ったのは事実である。ある意味これは自然の成り行きだ。彼らが、ヤヌコーヴィチ大統領の下で抵抗勢力になっていたのだから。

しかし、彼らの推すティモシェンコは、大統領にはなれなかった。

ヤヌコーヴィチ追放の三か月半後に行われた大統領選では、ポロシェンコが第一回投票で五四・七〇％をとった。過半数を獲得したので、これで当選である。

ティモシェンコは一二・八一％しかとれなかった。惨敗である。

「国民の僕」に託された夢

ポロシェンコも二〇一九年の大統領選挙では、ゼレンスキーに敗れた。
キーウ視覚文化研究センターのヴァジル・シェレパニン所長はウクライナ侵攻が始まった後、二〇二二年三月十一日の『レゼコー』週末版のインタビューで述べる。

ウクライナでは、俳優のゼレンスキーが投票の七三％を獲得したので選挙はよく「選挙のマイダン」と呼ばれます。このような好結果は世界中の独裁的指導者の夢でしょう！　彼らは通常それを得るために不正をします。マイダンの後、ウクライナ社会は本当の社会的経済的変化、とくに風土病ともいうべき経済的汚職などを除去することを望みました。ポロシェンコはこの変化の代表となることはできませんでした、彼は古いエリートの一部でした。

ゼレンスキーには、完全に政治の外にいるという利点がありました。

彼は新しい波、別の世代、過去ではなく未来に向けられた新しいメンタリティに属し、彼を有名にしたまさにそのシリーズで、腐敗と戦いパラダイムを変更するために政治の世界に入る市民社会の人々の姿を体現しました。ゼレンスキーは、マイダン革命後の自然な段階でした。そして、本質的には一九九〇年代初頭以来ウクライナを支配していた古い腐敗した政治家や寡頭制のサークルを排除するための選挙による革命でした。

ゼレンスキーを大統領に押し上げた「国民の僕」は、政治批判した高校の歴史教師が、ひょんなことからあれよあれよという間に大統領になって、腐敗に立ち向かうという話である。ウクライナの国民の夢を託した作品だった。

「国民の僕」はテレビ・シリーズで、高校教師が大統領になって腐敗に立ち向かうのは、シーズン1。シーズン2では、大統領になった高校教師がＩＭＦに厳しい改革を求められるが成功せず辞任する。ユーロ危機の時のギリシャのチプラス首相を思わせる（ただし、チプラスは、ＩＭＦの要求をクリアし、経済立て直しをするが、その厳しい緊縮政策によって総選挙で敗北することになるのだが）。

そしてシーズン3で、二〇四九年の未来に飛んで、ゼレンスキーが演じた元高校教師の元大統領は投獄され、放送当時の大統領ポロシェンコとティモシェンコ元首相を彷彿とさせる大統領がまた国を悪くしてしまったことが語られる。

オリガルヒは、国会の中にも浸透していて、与党を分裂させた。与党議員は買収され、ゼレンスキーのいうことを聞かなくなった。このサボタージュの裏にはロシアがあると推測されている。

ゼレンスキー自身にも「国民の僕」を放送したテレビ局などマスコミを牛耳っているオリガルヒのコロモイスキーとの黒い噂や側近、閣僚の不祥事があった。

憲法裁判所も抵抗した。二〇二〇年十月には親ロシア派の五〇人の国会議員の提訴により、数年前から適用されている反汚職法の規定を厳しすぎるとしていくつも無効にした。十二月には、検察が最高裁判所長官を証言者への買収で告発し、長官は二か月間の停職となったが、憲法裁判所は、この大統領の決定を「法的に無効」として却下した。

特権階級の悪を正す最後の砦であるはずの司法、裁判がこのありさまではやりようがない。ゼレンスキーは「国民の僕」に託されたウクライナの国民の夢を実現することはできなかった。腐敗だけではない、経済の立ち直りもできていない。

二〇二〇年の貧困率は人口の四分の一を超えた。生活の改善も購買力の増加もない。ロシアとの危機によって外国からの投資も落ちた。キプロスから投資が入っているが、それはオフショア会社に隠されたオリガルヒのお金が戻ってきているだけの話である。

大統領選挙の決選投票では七三％を獲得したゼレンスキーだったが、一年も経たぬ二〇二〇年二月の世論調査では支持率は四七％に落ちた。二〇二一年十二月二十一日の世論調査では、三一％しかなかった。年が明けてからは三〇％を割った。

誰が民族主義を助長したのか

キーウ視覚文化研究センター所長のヴァジル・シェレパニンは、同じ『レゼコー』週末版へのインタビューで、次のように述べている。

戦争が始まる前、二〇一四年にクリミアが併合され、ドンバス地方でウクライナの領土が占領される前、ウクライナ社会は決して反ロシアの感情を抱いていませんでした。よもやロシアと戦争するなどということは思ってもいませんでした！　両国はいつもお互いに非常に良い関係性を持っており、ウクライナはバイリンガルの国であり、ここのすべての人々はウクライナ語とロシア語を話します。ソビエト時代以来、多くのウクライナ人はロシアに親戚がいて、その逆もあり、私たちにはまったく何の問題もありませんでした。

二〇〇一年にウクライナ政府が詳細な国勢調査を行っている。その調査報告によれば、ウクライナは、「一三〇以上の民族がいる多民族国家である」という。ただし、細かく数字を見てみるとウクライナ人（七七・八％）、ロシア人（一七・三％）がほとんどを占めている。第三位のベラルーシ人は〇・六％にすぎない。

これとは別に、日常話す言葉別の統計もある。「自分がどの民族に属するか」と、「日常生活ではどの言葉を使うか」は一致しない。

ウクライナ語は六七・五％、ロシア語は二九・六％である。ただし、ドンバス地方といわれる東部のセバストポリ市・ドネツク州・ルハンシク州、それからクリミア自治共和国ではロシア語が過半数を占める。たとえば、ドネツク州ではウクライナ人（人口の五六・九％）の五八・七％、ロシア人（人口の三八・二％）の九八％がロシア語話者である。一方、西部の七州では、ウクライナ語の比率が平均以上となっている。

宗教は、七割が正教会で、ユニエイト（ギリシャ・カトリック、東方典礼カトリック）、カトリック、プロテスタント、それに無宗教が分けている。クリミア半島にはイスラムも存在する。ただし正教会は一つではなく、キール総主教庁系、モスクワ総主教庁系、独立系が並立して競い合っている。ただし、熱心な信者は少数派で、無神論者も多い。

ウクライナの独立系テレビ局ＴＶｉのキャスター、ヴィダル・ポルトニコフは、ヤヌコーヴィチ政権下の二〇一二年に、フランスの『ル・モンド』で、「ロシア語の問題はモスクワから見て重要ですが、ここでは人々は気にしません、それは二次的なものです」と述べている（2012.6.1）。ロシア語とウクライナ語の二人の司会者がいることも珍しくない。

二〇〇〇年に行われた、「家庭では何語で話しますか」という調査ではウクライナ語のみと回答したものは三九％、ロシア語のみと回答したものは三六％、状況により使い分けると答えたものは二五％であった。日常生活では広く両方が併用されている（『ウクライナの現代言語状況と言語問題』芳之内雄二）。

プーチンや東部ウクライナの分離主義者は、ロシア系住民がウクライナの民族主義者に迫害されているようにいう。また、彼ら自身もロシア系の民族主義を高く掲げる。たしかに、ロシア系を差別するウクライナの民族主義者もいる。

しかし、これらの双方の民族主義者たちの憎悪は、自然に発生したものではない。

第3章

アフリカ争奪戦

プーチンの料理人

ウクライナ侵攻開始から一年と四か月、二〇二三年六月二十三日、ロシアに亀裂が走った。民間軍事会社ワグネルが反乱を起こしたのである。

ワグネルのオーナー、エフゲニー・プリゴジンは、ロシア軍がワグネルを攻撃したと主張、完全に対決姿勢をむき出しにした上で、ロシアによるウクライナ侵攻の正当性を否定した。ウクライナからロシア国境を越え、ウクライナ侵攻の司令部のあるロストフ・ナ・ドヌに入った。だが、ベラルーシのルカシェンコ大統領の仲介により、進軍を停止し、Uターンした。

いまでこそ、ワグネルがプリゴジンの民間軍事会社（ＰＭＣ）であるということは、誰でも知っている。しかし、二〇二二年九月、ロシアの刑務所で、ワグネルで六か月兵隊になれば自由の身になれる、と囚人たちを誘う動画がロシアの反体制運動のサイトで公開された時、プリゴジンは「俺に似た人間が出ていたな」とはぐらかし、ワグネルとの関係も否定していた。

ワグネルは、マイダン革命直後の二〇一四年に設立された。

もともとは、クリミア半島の併合やウクライナ東部で、正規軍を派遣する代わりにこの闇の軍隊を送ることで、ロシアが責任逃れをしつつ関与を続けるためである。民間軍事会社は、死者は戦死者として数えられず、虐殺行為などがあっても、国家には関係ない逸脱であると言い逃れできる。プーチン大統領は、ワグネルとの協力を認めず、その存在すら否定していた。

ワグネルは、シリアで展開していたロシア系の民間軍事会社「スラブ軍団」の傭兵ドミトリー・ウトキンが創設したとされている。だが、出資したのはプリゴジンであり、彼こそが真の創設者だといえる。その頃、プリゴジンは頻繁にロシア連邦保安庁（FSB）や連邦警護庁（FSO）、国防省の高官、そしてプーチン大統領の顧問官と連絡を取っていた。

「最初の数年間、ワグネルの資金はすべて軍と諜報機関から出ていた」と実業家で人権擁護活動家ウラジーミル・オセチキンはフランスの国営ラジオ『フランス・アンフォ』で説明している。

プリゴジンと関係のある企業グループは、ロシアによるクリミアの違法な併合と、ロシアが支援する分離主義者によるウクライナ東部の占領に続く、ロシア国防省との大きな公共契約で利益を挙げた。

こうして、彼はウクライナの領土保全、主権、独立を弱体化させ、脅かした行動に責任があり、積極的に実行してきた。彼はまた、クリミアの併合とウクライナ東部の不安定化に関与したロシアの意思決定者からも恩恵を受けてきた。

その役割はロシア軍そのものに取って代わることではない。ロシア国境の外で、ロシアの利益のために地域の不安定化作戦を支援し、活動することである。

プリゴジンはサンクトペテルブルクで、ファストフードを皮切りに飲食業で財を成し、当時、政治家として台頭してきていたプーチンと懇意になった。そんなところから「プーチンの料理人」といわれた。プーチンが政権をとると共に、国レベルで軍隊や警察、学校、病院などのケータリングを独占的に受注するようになった。ウクライナに侵攻したロシア軍の食糧もプリゴジンがつくった会社が請け負っている。

フランス地政学研究所のロシア専門家コリン・ジェラールによれば、プリゴジンは「あらゆる犯罪法規とロシアの小さな地下世界を熟知し、すべてのレベルを駆け上がった実業家」である（『フランス・アンフォ』22.11.23）。

プリゴジンは、刑務所での兵隊募集で囚人相手にまったく物怖じせずに語りかけていたが、それもそのはず、ソ連時代の最後の頃、強盗・詐欺・未成年者売春などで、九年間刑務所に入っていた。当時はよく反体制活動家が投獄されていたが、彼の場合は思想犯ではない。

ワグネルは営利会社であり、傭兵集団である。けっして第一次大戦後、ドイツでいくつもできた「民間国防団体」と称されるような愛国団体ではない。そしてプリゴジンの企業帝国の一部である。プリゴジンは、いわば投資・ビジネスの才覚のあるヤクザの親分のようなものであって、思想はどうでもいい。彼にとっては、ウクライナ侵攻は金儲けの手段、個人的な利益の追求であった。ドンバスは、ウクライナの炭鉱、工業地帯である。おそらくその利権獲得が目的だったのだろう。

もし、プーチンの当初の目論見通り、電撃作戦でウクライナに傀儡政権ができていたならば、八年来ここで戦ってきたプリゴジンが利権を獲得しただろう。ところが、目論見ははずれ、あろうことかロシア軍が直接東部戦線で戦い続けることになった。しかも、チェチェン軍やそのほかの傭兵集団も送り込まれてきた。

プリゴジンの反乱は、ウクライナの利権を確保する最後の手段だった。そして、失敗した。

プリゴジン帝国

ワグネルは、プリゴジンの企業グループの一つにすぎない。

プリゴジンは、よくある持ち株会社と子会社の関係による企業グループだけではなく、複雑な投融資関係で、多数の企業および事業に関与して巨大な帝国をつくっていた。

現在の戦争は、実戦とサイバー・情報戦を組みあわせたハイブリッド戦争であるが、プリゴジンは一人でそれを行っていた。

ロシアはアフリカにおいて「情報戦」の専門家と軍事力による安全保障の提供、選挙への干渉、クーデターの支援、資源と武器を交換する協定などを通じて進出を続けているが、このノウハウは、プリゴジン帝国が持っている。

手始めは、情報戦だった。

二〇一一年から二〇一二年の冬にロシアで行われた議会選挙で、選挙干渉や反対運動活動家や言論人の脅迫、そしてWebやSNSでのフェイクニュース捏造や攻撃活動を行った。

フェイクニュースを捏造する組織は「トロール工場」と呼ばれる。トロール漁船が船尾の網でごっそっと魚を取って漁場を荒らしまわるように、さまざまなフェイクニュースを流して人心操作をするのである。プリゴジンは、トロール工場「インターネット・リサーチ・エージェンシー（IRA）」を設立した。ロシア国境を越えて、トランプ大統領が勝った二〇一六年のアメリカ大統領選挙や、英国のEU離脱（BREXIT）の国民投票において、EU離脱派のための情報操作を行った。アメリカで起訴され、プリゴジン自身もSNSで関与を認めている。

この後さらに発展し、二〇一九年十月には、メディア・グループ「パトリオット」を設立した。「プリゴジンの提携企業が設立した一一のメディアと一三〇のパートナー・メディアで構成されている。現在、このグループに属するRIAFAN通信社などサンクトペテルブルクにある四つの情報サイトの視聴率は、国営のタス通信やRTテレビよりも高い」（マキシム・オディネ、コラン・ジェラールによる）。

武力の部分を担うのがワグネルである。二〇一五年にロシアがシリア政府の要請だとして空襲を始めた時に、地上軍としてシリアに派遣された。

油田・ガス田の警備が仕事だが、生産された石油とガスの収入の二五％を受け取ることになっていた。この警備を行うのはワグネルで、契約はプリゴジンのエブロ・ポリス社とシリアの国営石油会社ゼネラル・ペトロリアム・コーポレーションとの間で結ばれ、支払いはエブロ・ポリス社に行われた。

その後、二〇一九年末には、プリゴジン・グループの二社に、北東部の政権支配地域に位置する油田を含むシリアの石油とガスを開発する権利が追加で与えられた。

ワグネルはリビアにも進出した。リビアには国連が承認したトリポリの国民合意政府（GNA）があったが、ワグネルはクーデターを起したカリファ・ハフタル将軍が権力を奪取するための戦いを支援した。

このリビアの反政府勢力への支援に対してEUは制裁を行う。二〇二〇年十月十四日付の制裁文書はいう。

> ワグネル・グループは、国連安全保障理事会決議（UNSCR）1970（2011）で確定され、EUの安全保障政策（CFSP）2015／1333の第1条で置き換えられた、リビアでの武器禁輸措置を繰り返すという違反に関与しており、これにはリビア国軍を支援する武器の引き渡しと傭兵の派遣が含まれる。ワグネル・グループは、国連が承認した国民合意政府に対する複数の軍事作戦に参加し、リビアの安定を損ない、平和的プロセスを弱体化させることに貢献してきた。

リビアにおいてもその先には石油利権がある。
次は、フランスの官民協働の独立系シンクタンク戦略調査財団（FRS）のポーリンヌ・チュバール研究員が二〇一九年十月に行った報告である。

サハラ以南のアフリカにおけるロシアの新しい戦略では、エフゲニー・プリゴジンの会社が重要な位置を占めている。ワグネル社とインターネット・リサーチ・エージェンシーが果たした役割に加えて、彼の鉱山会社は、中央アフリカ、マダガスカル、スーダンで操業契約を獲得している。フェロム・マイニングやロバイエ・インベストなどのこれらの企業は、ほとんどが最近設立されたばかりで、天然資源の採掘の経験はほとんどない。それにもかかわらず、彼らは、アルロサ、ノルニッケル、レノバ、ルサール、ノルゴールドなど大陸に長い間あったロシア企業を犠牲にして、特定の国で契約を獲得することに成功したようである。

マダガスカルでもクロム採掘に従事しており、金採掘にも触手を伸ばしている。モザンビークでは天然ガスである。
元英領のスーダンでも金採掘の利権をとっている。同国はアフリカ第三の金生産国だが、二〇一七年末プリゴジンと関係のあるロシア企業、Mインベストが所有する鉱山会社メロエ・ゴールドが、既存の外国企業についで探鉱を開始した。

ワグネルをテーマにしたドキュメンタリーで、フランスの報道番組の最高栄誉賞であるアルベール・ロンドル賞を受賞したフランス在住のロシア人記者クスニア・ボルチャコワは、プリゴジンにとって重要なのはアフリカだという。


ウクライナでのプリゴジンの役割はただのシンボルにすぎません。ウクライナに派兵するのはロシアの地政学的利益を守ることによって、彼は政治的影響力を獲得するからです。大砲の餌食としてこの前線に送られるのは、刑務所で採用され、訓練が不十分な男たちです。プリゴジンの戦略的な中心は依然としてアフリカであり、最も経験豊富な戦闘員をそこで育て、駐留させています（『ル・フィガロ』2022.12.8）。


「プリゴジン・ネットワークは近年、サハラ以南のアフリカにおけるロシアの存在において支配的な役割を果たしている」とパリ陸軍学校戦略研究所のマキシム・オディネ氏は喚起する。

ワグネルはまたアフリカ大陸に進出しているロシア企業の拠点の警護もしている。ワグネルがいなくなればイスラム・テロ組織に襲われる。ある意味、ロシア企業を人質に取っているようなものだ。

このほか、モザンビーク、ニジェール、コートジボワール、ジンバブエ、南アフリカでも傭兵を送ったり、影響力を及ぼす活動をしたりしていた。

ロシアとワグネルの「ウィンウィンの関係」

プーチン大統領は、アフリカ大陸には興味がなかった。訪問したことがあるのは、エジプト、アルジェリア、リビア、モロッコだけで、サハラ砂漠から南へは行ったことがなかった。

しかし、二〇一四年のクリミア半島の併合、ドンバス地方での内戦以来、西側諸国の経済制裁がロシアを襲った。外交的にもロシアは劣勢に立った。そこでプーチンは、国際機関で数の力を持つアフリカ五四か国に目を向けた。

とはいえ、借金まみれにしてインフラ投資をさせる手法は、すでに中国がやっている。穀物はあるが、ただでやるわけにはいかない。石油は、ロシアでも豊富に生産されるから、アフリカ諸国から買って現地の政権を潤わせる必要はない。むしろ、ロシア産を売りつけたいぐらいだ。ロシアが頼りにしたのが、防衛産業と軍隊である。

二〇一五年のカメルーンから始まり、とくにフランス語圏諸国をターゲットにして次々に軍事協定を結んだ。二〇一九年十月には、冬季オリンピックの会場にもなった保養地ソチでロシア・アフリカ・サミットを開催し、約五〇か国の国家元首を集めた。

アフリカが役に立つことをアドバイスし、ロシアの諜報機関と協力しつつ裏で工作を行ったのがプリゴジンである。この準備もプリゴジンがアレンジした。

アフリカでのプリゴジン・グループの重要性はウクライナ侵攻後にさらに増した。毎月一億ドルの金《きん》をロシア政府にもたらしていたという。

プリゴジンとは関係のないロシアの大企業は、二〇一四年のクリミア併合以来の欧米の制裁もあって苦戦している。前回の二〇一九年のソチのサミットでのロシアのアフリカ諸国との約束もほとんどが空手形になっている。たとえば西アフリカ諸国と一三の経済協定を締結したが、現在までにどれも実現していない。

「ソチサミットでウラジーミル・プーチン大統領は二〇一九年から二〇二四年の間に貿易量を倍増すると約束したが、毎年減少しており、合計で三〇％減少している」。しかも、ロシアの対アフリカ貿易の七〇％以上はエジプト、アルジェリア、モロッコ、南アフリカの四か国に偏っている（FRSジュナブー・シセによる。2023.7）。

プリゴジンは武力とサイバー・情報戦、実業を組み合わせたビジネスモデルを構築した。

アメリカ国務省の二〇二二年十一月四日付の文書は述べる。

プリゴジンは、アフリカ系の人々の間のより大きな兄弟愛と協力など、汎アフリカの理想をサポートする活動をしていることになっているが、実際には、金、ダイヤモンド、木材など、アフリカの資源のワグネル・グループの無制限の開発をサポートすることを意図している。アフリカの天然資源を搾取する企業、民主主義者を弱体化させる政治工作員、NGOを装ったフロント企業、およびソーシャル・メディアの操作を通じて、プリゴジンはロシアに有利にアフリカの政治に影響を与えるために虚偽の情報を広めている。

フェイクニュースやインフルエンサー、映画やアニメ、地元マスコミの活用による情報操作と共に、地元政治家や独裁的な政権と結びついて利権をとる。

入り込むにあたっては、ロシアは、国としてアフリカ諸国と軍事協力協定を結ぶ。軍事訓練や警備などはワグネルが行い、その見返りとしてプリゴジンの関係会社が鉱山の採掘権などの利権をとる。これによって、ロシア政府はお金を使わずに政治的影響力を獲得でき、プリゴジンは財産を増やす。「ウィンウィンの関係」ができるわけだ。ここで重要なのは、ロシアがとるのは名だけで、実質の利益はすべてプリゴジンがとるということだ。

中でも「ワグネル国家」といわれるのが、中央アフリカ共和国である。大統領の個人警護、軍の訓練、国軍と協働した治安活動、ロシア・ハウスによる文化活動、金鉱、ダイヤモンド鉱山採掘や木材伐採、護送船団の確保、税関管理、さらには美人コンテストやウオッカの生産まで。現地語の放送局をつくり、きめ細かい情報操作プロパガンダ活動の拠点にもなっている。国境を越えて、マリなどのクーデターでも反フランス親ロシアのプロパガンダが大きな役割を果たした。

二〇二三年七月二十七、二十八日にサンクトペテルブルクで開かれた第二回ロシア・アフリカ・サミットのさなか、プリゴジンが中央アフリカ共和国のトゥアデラ暫定大統領の儀典長フレディ・マポウカ氏と握手している写真が公開された。撮影場所はサンクトペテルブルクのプリゴジンが所有するホテル・トレッツィーニで、同ホテルは会期中すべての部屋が予約されていた。

この写真が掲載されたのが中央アフリカ共和国の首都バンギのロシア・ハウスの館長ドミトリ・シッティのフェイスブックのアカウント。シッティは一九八九年生まれ。デジタル・マーケティング戦略の専門家で、プリゴジンのインターネット・リサーチ・エージェンシーに勤務していた。二〇一六年のアメリカ大統領選挙でトランプを有利にするフェイクニュースを製造していたトロール工場だ。二〇二二年十二月十六日、ロシア・ハウスに送られてきた郵便物の爆発で重傷を負った。

サヘルのドミノ倒し

二〇二〇年八月、マリでクーデターがあった。マリには、イスラム過激派対策を求めるマリ政府の要請ということでフランスが二〇一三年から軍を派遣していた。

しかし、この地にワグネルが浸透、それに支えられた勢力が政権を奪取したのである。マリ軍事政権はフランス軍に撤退を求め、二〇二二年八月十五日に最後の兵がマリを離れた。その後、国連平和維持活動MINUSMAもまたマリから撤退することになる。

かつて、「ドミノ理論」というのがあった。東西冷戦の中で、一つの国が共産圏に入ってしまうとドミノが倒れるように次々にソ連の勢力圏になる、ということだ。この理論で、アメリカはベトナム戦争を始めた。

マリに続いて、二〇二一年には、その南に位置する大西洋岸のギニアでクーデターが起きてワグネルが進出した。

フランス軍がマリから撤退して一か月半ほどした二〇二二年九月末には、マリの隣国で、ニジェールとも国境を接するブルキナファソでクーデターがあった。街にはロシアの旗が溢れた。

ワグネル・プリゴジンの反乱が収まった直後の二〇二三年六月二十六日、ロシアのラブロフ外務大臣がロシアのテレビRTチャンネルでのインタビューでワグネルは今後もマリと中央アフリカ共和国で活動を続けると明言した。

マリの『インフォ・マタン』(マリの日刊紙)は、この日「ロシアと共に、マリはパートナーをまちがえなかった」という社説を出した。

マリ、ブルキナファソ、中央アフリカ共和国などフランスを見捨てた国々は、ただテロとの戦いにおいてさらなる配慮と誠実さを望んでいるだけである。一〇年間の軍事協力を経ても目に見える成果が得られない中で、他の選択肢を試そうとすることは恩を忘れたことであり、許しがたい犯罪なのだろうか?

ロシアはマリのパートナーであるだけでなく、その公式説明には、フランスになかった信頼性と真摯さが表れている。

マリ政府の主導で、ロシアとマリの外相は六月三十日に電話会談を行った。

ニジェールでクーデターが起きたのはその一か月後、二〇二三年七月二十六日である。バズム大統領が監禁され、アブドゥラフマン・チアニ将軍が国家元首となったと宣言した。クーデターを起こしたのは、大統領警護隊である。本来ならば反乱などが起きた時に大統領を守らなければならない。彼らが動いてしまったらなすすべはない。

ニジェールは紅海に面したスーダンから大西洋のギニアまでアフリカを横断するサヘル地域の中心である。首都ニアメの空軍基地はフランスの大きな要だ。また、ウランの産出国でもある。鉱山はフランスの国有会社が中心となって経営しており、フランスの輸入量の一〇%を占める。また、ヨーロッパへの不法移民の出発地であるリビアと国境を接しており、彼らの通り道であり、彼らを甘い言葉で誘い大金を巻き上げる違法ブローカーたちの巣でもある。

クーデターの発生した翌二十七日にはサンクトペテルスブルクでロシア・アフリカ・サミットが

開幕した。フランスのテレビではこの時期にクーデターが起きたのは偶然ではなくプリゴジンがプーチンに存在価値をみせつけたものだという説もでている。

ちなみに、このロシア・アフリカ・サミットにブルキナファソの大統領が一番乗りして支援を懇願した。

二十九日、フランスのマクロン大統領は国防評議会を招集し、すべての経済・安全保障協力とすべての開発援助を即時停止すると発表した。ちなみに援助額は二〇二三年には一億二〇〇〇万ユーロにのぼっている。EUのジョセップ・ボレル欧州連合外務・安全保障政策上級代表もまたすべての予算支援と協力は即時停止されると述べた。

国連UNHCR協会のサイトは訴えている。

> 西アフリカのブルキナファソ、マリ、そしてニジェールを含むサヘル地域は、世界で最も急速に拡大している人道危機の一つですが、最も忘れられている危機でもあります。ここ日本のみならず世界でも大きく報じられることがない危機です。

一九六〇年代、続々と独立した旧植民地は独立運動のリーダーたちによる独裁から始まった。東西冷戦を背景にしばしばバックにはソ連がいた。ソ連の崩壊後、一九九〇年代、それらの国々では民主化が起きた。

ニジェールで監禁されたバズム大統領は、選挙で政権交代した文民であり、この地域での政治体制の模範例とされていた。ＥＵもまたアフリカとの間の協力の模範例としていた。

しかし、民主主義は、貧困を解決できなかった。加えて過激イスラム組織の活動が住民に打撃を与えた。民主主義の旗手を任ずるフランス軍は、イスラム・テロを撲滅できなかった。若い世代は、その前の権威主義の時代を知らない。彼らにとって権威主義・軍事独裁は民主主義の混乱を鎮め、現状を打破してくれるものでしかなかった。

ニジェールでも「ドミノ倒し」が起こるのではないかと警戒されてはいた。しかし、こんなに簡単に起きるとは予想されていなかった。

となると、次に心配なのは隣国のチャドである。

フランス国際関係研究所（ＩＦＲＩ）のアラン・アンティル・サハラ以南アフリカセンター長は、チャドでも同じような反フランス、親ロシアのスローガンが見られるが、チャドはすでに軍が権力を掌握しており、「チャドで反フランスデモが起きないのは、群衆に向けて発砲することを躊躇しない極めて残忍な政権があるからだ」という（『ウエスト・フランス』2023.8.2［同紙は、フランス北西部を中心とする日刊紙。フランスで最大の部数を誇る］）。

チャドの新聞『ル・ペイ』の社説はいう（2023.8.9）。

有力な情報源によればカカ暫定大統領は、万が一フランスや西側諸国が退陣に追い込もうとした場合には、ためらうことなくパートナーを変えるだろうという。

私たちは、チャドの権力状況を変えうる西側の圧力ばかりでなく、ロシアが不安定化させるために政治あるいは政治軍事主体と示し合わせていることも危惧しなければならない。

チャドの隣のスーダンでは現在軍トップのブルハン司令官と準軍事組織ＲＳＦ（即応支援部隊）のダガロ司令官の間で権力争いの内戦が起きている。プリゴジンの会社が金を採掘している鉱山は、ＲＳＦとダガロ一族が不法に開発していたところだ。ワグネルは、ＲＳＦに軍事訓練やオンラインの偽情報キャンペーンに関する専門知識を提供している。プリゴジンは二年前からワグネルはスーダンから完全に撤退しているといっているが、フランス諜報部は現在でもプリゴジンはＲＳＦのダガロ司令官と連絡を取っており、武器供与の仲介もしているという。

第二戦線の危機

ニジェールのクーデター勃発から四日後、七月三十日、西アフリカ諸国経済共同体（ＥＣＯＷＡＳ）加盟一五か国はナイジェリアの首都アブジャで臨時首脳会議を開催した。ニジェールのクーデターを非難し、経済制裁や国境封鎖など外交上の制裁を決定した。また、一週間以内に大統領を復権させなければ軍事力の行使も辞さないとした。

ECOWAS内でナイジェリアは、もっとも軍事力がある。ボラ・ティヌブ大統領は、この地域での大国の地位を確立したいと考えている。ナイジェリアの参謀総長は、ニジェールで軍事作戦を開始する用意があると明確に述べた。

ナイジェリアのアブドゥルサラミ・アブバカール元大統領などECOWASの特使団は八月三日の夜、ニアメの空港に到着。特別作戦部長率いる軍事政権の代表団と会った。しかし、会談は決裂。軍事政権トップのチアーニ将軍、および拘束中のバズム大統領との面会もキャンセルされて、空港から一歩も出ずに日付が四日になってまもなくふたたび飛び立った。

ECOWAS加盟国の参謀総長が二日から四日までアブジャで会議を行い、ニジェール反乱軍との戦いの作戦はできあがった。

一週間のタイムリミットを過ぎ、十日に改めて、ECOWASの首脳会談が行われ、軍事介入を決定した。フランスやアフリカ連合は支持した。

しかし、アメリカのブリンケン国務長官は、すぐに「受け入れられる軍事的解決策はない」と軍事介入を批判した。

マリとブルキナファソはECOWAS加盟国だが、クーデター後資格停止されている。この両国は、ECOWASが決めたニジェール反乱政権制裁には加わらず、ニジェールへの軍事介入は両国への宣戦布告とみなすと警告していた。ニジェール反乱政府の代表は両国を訪問、さらにワグネルの出動要請もした。

ワグネルとロシアの間の線引きは曖昧である。ウクライナでも侵攻開始後ワグネルは「ロシア軍」として戦った。

アメリカは、クーデター直後にヴィクトリア・ヌーランド国務副長官代行を現地に送り、政権をとった反乱軍幹部らと接触していた。

ＥＣＯＷＡＳが軍事介入を始めたら、アメリカとフランスは加担せざるを得ない。マリ、ブルキナファソはニジェールの反乱政権を支持し、ワグネルも加担する。下手をするとロシアとアメリカ・フランスの戦闘ということになってしまう。ウクライナで避けようとしていたことがこのアフリカの地で起きてしまうわけである。

そうでなくても、ロシアはワグネル・プリゴジン帝国に勝手にやらせておけばいいが、フランスやアメリカはウクライナへの支援を削らざるをえなくなる。

アメリカとしては絶対に避けたい。

結局、ＥＣＯＷＡＳの軍事介入は起こらず、クーデター発生の五か月後、十二月二十二日フランス軍がニジェールから撤兵した。大使館も閉鎖した。

今年に入って、マリ、ブルキナファソ、ニジェールは、ＥＣＯＷＡＳを脱退した。

新植民地主義

クーデター発生四日後の七月三十日土曜日、ニジェールの首都ニアメで数千人の民衆が「プーチン万歳」、「ロシア万歳」、「フランス打倒」と叫んでデモをし、一部がフランス大使館を襲撃した。「駐ニジェールフランス大使館」と表示された銘板を取り壊して踏みつけ、フランスの国旗をロシアとニジェールの国旗に代えた。

デモを組織したのはM62という市民運動である。

M62は、三つの理由でフランス軍はニジェールとその国民にとって有害であるという。すなわち、「マリとの協力を妨げる」、「バルカン作戦に参加していた兵力がニジェールに来て以来、テロリストよりも多くの民間人を殺害した」、「戦争物資ではない機材やトラックを見かける」。

バルカン作戦とは、フランスがマリで行っていたイスラム過激派との戦いである。

一二番目の「戦争物資ではない機材やトラックを見かける」は、新植民地主義批判である。

プリゴジン・グループが行っている情報戦では、巧みに「植民地主義者に対する戦い」という言葉が使われていた。

中国や韓国が、日本に対してもっぱら第二次世界大戦までの過去を糾弾している。たしかにこれは植民地主義者に対する戦いだが、アフリカの場合、少々事情が違う。戦後、独立した後でも新植民地主義という現実があるのだ。この現実に対する反発である。

フランスに、ブラック・アフリカの旧フランス植民地とフランスとの間の新植民地主義的関係をあらわす言葉として「フランサフリック（françafrique）」という言葉がある。国民を無視して、フランスとアフリカの少数の人を富ませている。

ヴァレリー・ジスカール＝デスタン元フランス大統領が、中央アフリカの独裁者ボカサからダイヤモンドなどの収賄をした「ボカサ・ダイヤモンド事件」、社会党政権下ブルンジ共和国で開催されたアフリカ首脳会議をめぐる横領「カルフール・ド・デヴェロップマン事件」、アンゴラ内戦の時の反政府派への援助に絡む横領と贈収賄事件「アンゴラ・ゲート」など数々のスキャンダルが起きた。


このような大きなスキャンダルだけではなく、新植民地主義は日常茶飯事であった。

私がコートジボワールに日本の支援計画の手伝いで行った一九九〇年代の中葉には、確実にまだそれが残っていた。

スラム地区の改善で、国土整備の役所に行った。そこにいるのはフランス人技師たちで、まず都市計画を作らなければならないという。しかし、その図面をつくるために数千万円というお金がかかる。地区改善の予算のほぼ三分の二がとんでしまう。

建築基準の中身はフランスの法律の焼きなおしで、すべての家には車庫がなければならないとか、道路との距離だとか、お話にならない。ところがこれがくせ者で、こういう法律をたてに住民が立ち退きさせられるのである。

別の役所で中堅の現地スタッフと話した時、とても意欲的だった。うまくいきそうだと思って別の日にいくと、フランス人の上司が出てきて全部ぶち壊してしまう。社会に中間層が育っていないからエリートでなければいきなりスラム街に転落となる。だからみんな従順にならざるを得ない。

稲作に適した土地なのに、伝染病だなんだと理屈をつけて禁止されている。政府高官が米の輸入の利権を一手に握っているのだ。しかもその夫人はフランスの白人だ。コーヒー栽培で有名だが、加工する工場は現地につくらせない。ホテルで飲むコーヒーはパリのスーパーマーケットと同じ国際ブランドだった。絶対に技術移転はしない。純粋な現地の産業を起こそうとはしない。

町には最新のルノーの連結バスが走る。政府援助といっても結局自国に戻ってくる構造である。状況は元英国領のケニアでも一緒だった。ホテルの冷蔵庫にはうまいパイナップルジュースがあった。でも外で売っているのはコカコーラ。ジュースは全部輸出用である。

街の中心部に入るところで突然道がアスファルト舗装になる。高層ビルが立ち並ぶ。巨大な蜃気楼のようだった。暑いし、ポロシャツでいったら、相手はきちんと背広にネクタイ。さすが旧英国領。もちろんビルの中は冷房ガンガンである。

ラグビー試合があって白人チームと黒人チームが戦った。白人チームはパリッとしたジャージ、黒人チームは色あせ、穴があいている人もいる。中には裸足の選手もいた。

列強はアフリカ人の利益には関心がない。彼らにとって重要なのは、影響力の戦争、アフリカでの経済戦争を行うことです。

産業開発のためにアフリカ人に融資をしようとはしません。なぜでしょうか？

天然資源の加工を通じて工業化を支援すると、彼らが競争相手になってしまうからです。これが、アフリカ大陸に何十億ドルもの資金が貸し出されているにもかかわらず、アフリカがまだ工業化されていない理由を説明しています。

セネガルの経済学者パパ・デンバ・ティアム博士はフランスの経済紙の取材にこう答えた（『ラ・トリビューン』2022.8.25［同紙はフランスの日刊紙。ネット配信中心で主に経済を扱う］）。

反新植民地主義のプロパガンダでは、歴史がロシアに有利に働いている。アフリカの植民地化は十九世紀から二十世紀の初めに英国やフランスを中心に進められた。ロシア帝国はその頃、まだ中国への関心が強く、また日露戦争での敗北後の国内の不安定もあり進出していなかった。こういう事情もあってロシアは植民地を持っていない。また、東西冷戦の中で「西側」に対抗する勢力としてソ連は植民地解放闘争を支援した。

プリゴジンの不可解な死

二〇二三年八月二十三日、プリゴジンとワグネルの創設者ウトキンら七名、そして搭乗員三名が乗った飛行機が墜落し、全員死亡した。モスクワからサンクトペテルブルクに向かう途中であった。普通ならプリゴジンとウトキンは警戒して、同じ飛行機には乗らない。この時もほかに二機が追っていた。なぜ二人が同じ飛行機に乗っていたのか。謎である。

「兄弟たち、現在私たちは司令官からの情報を待っている。(略)愚かなことはするな」。エフゲニー・プリゴジンとドミトリー・ウトキンの死の翌日、八月二十四日、Telegram のワグネルの放送は呼びかけた。

国際調査団体AEOW(オールアイズ・オン・ワグネル)はロシアの新聞関係者の話として、ワグネル関連会社のほとんど、少なくともその残り物を掌握したのはエフゲニー・プリゴジンの息子であるパーヴェル・プリゴジンだと報じた。英国国防省が十一月十二日に発表したメモの中でも、最近ロシア国家警備隊に配属されたワグネル部隊の新しい長として、パーヴェル・プリゴジンの名前が登場している。

ワグネルはロシア政府のGRU(軍事諜報機関)と軍が掌握したのではないかともいわれている。GRUのトップとされているのはアンドレイ・アヴェリアノフ将軍。プリゴジン暗殺にも関与したとされる。

二〇二三年七月末のロシア・アフリカフォーラムで、ロシア大統領代表団とワグネル・グループが参加するアフリカ諸国との間のすべての二国間会議に、アヴェリアノフ将軍が同席した。またアヴェリアノフ将軍はポスト・ワグネル交渉のためユヌス・ベク・エフクロフ国防副大臣が八月末に中央アフリカ共和国、ブルキナファソ、マリを歴訪した際にも同行していた。

ロシア国防省と直接結びついた新しい傭兵組織であるアフリカ軍団（第一次世界大戦中にアフリカ北部で戦ったドイツ軍部隊であるアフリカ軍団と同じ名「アフリカ・コール」）をつくりワグネルを吸収する。もっとも、米国のシンクタンク、戦争研究所（ISW）によると、「ロシア国防省は、元ワグネル職員を直接採用する試みが失敗に終わった後で、（略）アフリカにおけるワグネルの作戦を引き継ぐことを目的としたアフリカ軍団の公募を開始した」。そしてこの対応はモスクワにとって多大な費用がかかることが判明し、さらには「損失を被って」行われるだろうと専門家は考えているという。

中央アフリカでは、ロシア・ハウスの管理は、あいかわらずプリゴジンの手下のドミトリー・シッティが続けている。だが旧ワグネルは、九月にロシア大使館に駐在する外交官という肩書で着任したデニス・ウラジミロヴィチ・パブロフがトップに立ち、SVR（ロシア連邦対外情報庁）の諜報員が掌握しているという。

しかし、すんなりとワグネルをロシア軍、あるいは、ロシア軍の息のかかった民間軍事部隊に交代させることができるのだろうか。

プリゴジン帝国についてはウクライナ、中東および北アフリカ、ブラック・アフリカの三つを分けて考えなければならない。

アフリカでは、たしかに、ワグネルはロシア軍の輸送機を使ったり、政権に食い込むにあたっての謀略や政治的支援を受けたりしていた。だが、いったん入り込めば、ワグネルとプリゴジン帝国が自己資金で活動していた。

現地でワグネルを仕切っている連中に対してプリゴジンはどのぐらいの支配力を持っているのか。彼らはどこまでプリゴジンに忠実だったのか。軍隊には、愛国心だとか固いイデオロギーだとか、理想だとかがあるものだが、ワグネルにはそんな高邁な理念はない。広域暴力団の親分と遠くの子分のようなものだ。

たとえば中央アフリカ共和国ではＯＵＩＳ（国際安全保障士官連合）という組織がワグネル・グループのフロント企業になっている。そのトップであるアレクサンドル・イワノフはいわば下部組織の組長である。

ワグネルは営利会社であり、傭兵集団である。傭兵は商売である。目的は金儲けである。愛国心などは関係ない。ただし、暴力団でも同じだが、その組織の中で親分に心酔することはある。メンバーから尊敬されていたウトキンも死んだ。だからこそワグネルの幹部はTelegramでメンバーに自重を求めた。
加えて、ワグネルはプリゴジン帝国の一部でしかない。

軍隊としてのワグネルとは別に、鉱山や事業はプリゴジンの関係するさまざまな会社が取り仕切っている。現地の怪しい関係も使っている。そのノウハウは、スパイや裏工作などとは一味違ったものである。

アフリカではフェイクニュースやインフルエンサー、映画やアニメ、地元マスコミの活用による情報操作、武力・政治力（ワグネル）、鉱山や木材その他の利権の三点セットをプリゴジンは構築した。これをすべてうまく受け継いでいける者がいるのか。全部を一括して肩代わりすることができるオリガルヒがロシアにいるのだろうか。

ワグネルの各国の下部組織の長と同じように、各会社のトップもいる。その中には、この機会に私利私欲を狙う者もいるだろう。総帥がいなくなった今、それぞれの会社が独立して各々身売り先を見つけることも考えられる。その相手は中国やアメリカであるかもしれない。

アメリカのアフリカ進出

ニジェールのクーデターの後、素早くアメリカが動いたのには、ウクライナの第二戦線を避けるというのとは別の意味もある。

アメリカ軍はニジェール北部アガデスに広大なドローン基地を持っており、とくに北に隣接するリビアの監視をしている。CIAの秘密基地もあるともいわれる。クーデターの四か月前にアフリカを歴訪したブリンケン国務長官もニジェールを訪問している。なくてはならない基地である。

ニジェール反乱政府の新しい参謀長官に就任したムサ・バルム将軍は、アメリカで訓練を受けており、アメリカは以前からニジェール軍部とのパイプ役にしている。ニジェールの反乱政府はフランスとの条約を破棄し撤兵を求めたが、アメリカには求めていない。民衆デモでも、フランスと違ってアメリカは名指しされていない。

フランス軍が去ってアメリカ軍だけ残るのは、アメリカにとってむしろ好都合である。ジハードテロ組織との戦いをしなくてはならないが、これは現地軍を訓練してやらせ、飛行機やドローンなどで支援すれば十分だ。

アフリカでの反フランスの動きと反比例するように、バイデン政権はアフリカに接近した。この動きを象徴しているのが、二〇二二年十二月十三日から十五日にワシントンで開かれたアメリカ・アフリカ首脳会談である。

バイデン大統領は、「アメリカはアフリカの未来に全力で取り組んでいる」、「アメリカはアフリカの成長のあらゆる側面を支援することを固く約束する」と述べた。会談では、今後三年間で五五

○億ドル相当のパートナーシップ協定を締結した。
主な対象は、貿易の拡大、デジタルアクセスの近代化と拡大、職場での男女平等と女性の起業の促進、がん予防、インフラ整備、クリーンエネルギー開発、電力供給増強。

さらに、アメリカ政府は、アフリカの低・中所得国が経済成長に必要な資金としてＩＭＦに二一○億ドルを融資するようアメリカ議会に要請すると約束した。

また、国際政治の分野では、アメリカは、五五か国が加盟するアフリカ連合（ＡＵ）を、G20の常任理事国とすることやアフリカ諸国を国連安全保障理事会の常任理事国にすることに、最善の努力をする。

この会議で、アメリカはワグネル・ロシアの牙城である中央アフリカ共和国にもアタックした。『ル・モンド』によると、中央アフリカのトゥアデラ大統領は、この機会にアメリカ政府から、彼らとの同盟を維持しワグネル・グループ民兵組織から分離することで得られる利益を説明する覚書を渡されたという。

一○か月後の二○二三年九月十五日には、中央アフリカ共和国のガバナンス、国境管理の強化を通じて安全保障分野の改革と法の支配（法治国家）を支援するプロジェクトが公式に発足した。このプロジェクトにアメリカ政府は三○○万ドルの資金を提供する。

さらに、アメリカの準軍事組織バンクロフト・グローバル・セキュリティーが進出した。

何か月もの間、中央アフリカの大統領府は、バンクロフトとのいかなる関与も否定してきた。だが、バンクロフトの従業員が中央アフリカの地で目撃された。

そこで十二月十五日に記者会見が開かれ、中央アフリカ大統領報道官のアルベール・ヤロケ・モクペメは、バンクロフトは、国軍再建の一環として中央アフリカの兵士を訓練していると述べた。中央アフリカのラジオ・ンデケ・ルカは、ヤロケ・モクペメ大統領報道官が安全保障の観点から「関係を多様化する取り組み」を行っている、とする解説を放送した。

バイデン政権は、プリゴジンが持っていたマリと中央アフリカの鉱山資源も標的にしているともいわれる。

もう一つの勢力

アフリカ争奪戦をしているのは、ロシアやアメリカ、中国だけではない。もうひとつ、重要な勢力がある。イスラム過激派である。イスラムの教えにある「ジハード（聖戦）」を武装闘争と解釈する原理主義集団で、フランスでは、イスラム教徒（musulman）と区別して「ジハード主義者」あるいは「イスラミスト」と呼ばれる。

フランスが二〇一三年にマリ政府の要請を受けたとして派兵したのもジハード主義者を撲滅するためだった。二〇一五年秋にパリと周辺での連続テロ事件があったが、この出兵もテロリストの口実の一つであった。

アフガニスタンやシリア、イラクから追われて、アルカイダやISは、このサヘル地域に入り込んだ。マリの北部はもともと、南部と部族が違い、独立運動があったが、そこにこれらジハード主義者が拠点をつくった。

ISは、大サハラ・イスラム国（ISGS）をつくり、アルカイダ系のイスラム及びイスラム教徒支援集団（JNIMあるいはGSIM）などと競合している。

フランス軍は、勝利を収めることはできなかった。

文化人類学者・政治学者でアフリカ問題の専門家セシル・プチドマンジュ博士はアムネスティ・インターナショナルのインタビューに答えて、マリなどの国々は、「以前からすでに不安定だった。フランスの軍事介入は安定をもたらさず、それどころか、ジハード主義を活性化し共同体間の暴力を煽った」という。しかも、フランス軍の支援を得た地元の軍は対テロ作戦の名目のもと、数え切れないほどの残虐行為を犯したという。

そんなこともあって、ジハード主義者のみならず、もっと穏健なイスラム原理主義者からもフランスは忌むべき西洋的価値観の担い手として憎悪の的となった。

クーデターの後、ワグネルがフランスに代わっても、プリゴジンの死以来ロシアのアフリカ軍団となっても別の西洋的価値観の担い手であるにすぎない。

ジハード主義者は、ロシアも敵として殲滅すると公言している。

今では、ジハード主義者の勢力範囲はマリ北部だけではなくなった。マリとブルキナファソ、ニジェールの三国国境地域では、イスラム国（ＩＳ）が支配し、民間人が壊滅的な打撃を受け、大規模な避難民と多数の死傷者が出ている。ニジェールの南部では、ナイジェリアのイスラム系カルト集団ボコ・ハラムがアルカイダやＩＳと結びつき、さらに別のＩＳの集団とイスラム国西アフリカ州（ＩＳＷＡＰ）に脅かされている。

第4章
イスラエル・ハマス戦争

イスラエルの九・一一

人類と文明世界に新たな九・一一は必要なかった。しかし、これが土曜日にイスラエルでハマスによる残忍な攻撃によって起こったことだ。驚き、落胆、大虐殺、壊滅的な衝撃の波（『ル・フィガロ』2023.10.8）。

二〇二三年十月七日、ハマスがイスラエルを攻撃した。二五〇〇発とも五〇〇〇発ともいわれるロケット弾が発射された。ガザとイスラエルの境の壁を破壊したり、検問所を強行突破したりして、二九か所から二〇〇〇人以上がイスラエル領内に侵入した。パラシュートで壁を越えた者もいた。音楽祭やキブツ（共同農園）を襲って虐殺する手口は、二〇一五年に起きたイスラム過激派によるパリ同時多発テロと変わりはない。あの時襲撃を受けたバタクラン劇場では、八九人の死者を出した。今回のハマスによる攻撃は、明らかにテロである。

ロケット弾による被害と合わせて、一四〇〇人が死んだ。さらに、二三〇人が人質に取られた。イスラエルの人口を考えれば、犠牲者の比率は、九・一一のアメリカ同時多発テロよりもずっと大きかったといえる。

イスラエル政府は、戦時内閣を結成。ガザを空襲し、爆弾とミサイルの豪雨を浴びせた。四日間で八三〇人が死亡、四三〇〇人が負傷した。

あの九・一一の時のアメリカのように、イスラエル国民は一丸となって政府のテロに対する戦争を支持した。


パレスチナは、テロと切り離せなかった。

日本人は、「ハイジャック」という言葉をパレスチナ人のテロで知った。

一九六八年七月二十三日、ローマ発のイスラエルの航空会社エル・アルの飛行機がPFLP（パレスチナ解放人民戦線）に乗っ取られた時、テレビでは、「道路の真ん中で車を止めてジャッキを上げる。それで止まった後ろの車を乗っ取る」、ジャッキを上げるから「ハイジャック」だなどと解説されていた。

その二年後には日本でもよど号事件が起きた。

一九七二年五月三十日には、テルアビブのロッド空港で日本赤軍のメンバー三人が、銃を乱射、二六人が殺害され、七三人以上が負傷した。三人の犯人のうち二人はその場で射殺されたが、岡本公三だけは逮捕された。

私がイスラエルに行ったのは、それから一〇年以上後だったが、まだまだ警戒は厳しく、出発のパリの空港でも、一般の出発階とは違うところで手続きをした。出発三時間前には来るようにいわれた。仲間の髪の毛の長い青年は、別室に呼ばれ、搭乗ギリギリになってようやくでてきた。

この一〇・七は明らかに残虐なテロ行為である。エッフェル塔やブランデンブルク門、ビッグベンなどがイスラエルの国旗に染められた。しかし、反面、九・一一の時のように全世界が一丸とはならなかった。

これまでイスラエルが行ってきたパレスチナ人に対する残虐行為も語らなければ不公平だからだ。

イスラエルは建国の時から戦争の連続だった。

第一回目は、一九四八年五月十五日、イスラエル独立宣言の翌日に、独立を不服とする周辺のアラブ諸国が攻撃した。アラブ側が負けた。

二回目は一九五六年。エジプトのナセル大統領のスエズ運河国有化宣言に対して、英・仏・イスラエル連合軍がスエズ運河に侵攻。米・ソの仲介によってこの三国は撤退した。

この後、パレスチナ人たちの間でヤセル・アラファト率いるファタハ（パレスチナ民族解放運動）が結成された。そして、一九六四年には「パレスチナ解放機構（ＰＬＯ）」が設立される。

三回目は一九六七年六月で、六日間でイスラエルの圧倒的勝利に終わる。

ＰＬＯは、パレスチナの難民が住んだヨルダンを活動拠点としていたが、次第に関係が悪化し、一九七〇年九月ヨルダン軍はＰＬＯを攻撃、内戦状態となった。「黒い九月事件」と呼ばれた。一九七二年九月五日、ミュンヘン・オリンピックで「黒い九月」を名乗るパレスチナ・テロリストが、選手村のイスラエル選手宿舎を襲撃。二名を殺害し、九人を人質にとった。救出作戦は失敗し、選手九名全員、そして犯人五名と警官一名が死亡した。

四回目は一九七三年十月、ヨム・キプール戦争。これもイスラエルの勝利だった。ハマスのテロが起きたのはその五〇周年めであった。


イスラエルは建国当時から、現在のイスラエル労働党の前身マパイ党が、連立をしつつ政権をとっていた。しかし、一九七七年、メナヘム・ベギンらが四年前に複数の右派政党を合併してつくったリクードが国会選挙で第一党となり、政権の座についた。

そしてイスラエルは、前年から内戦状態にあったレバノンに侵攻した。一九八二年には、サブラ・シャティーラ難民キャンプでパレスチナ難民の虐殺が起きた。犠牲者は三〇〇〇人にのぼるともいわれている。実行したのは民間の武装集団だったが、裏でイスラエルのアリエル・シャロン国防相が糸を引いていたといわれた。ＰＬＯは本部をベイルートからチュニジアに移した。

八四年九月から二年間、労働党政権になるが、八六年十月にはリクードが政権を奪回。

一九八七年末に、ガザ地区で起きたイスラエル人とパレスチナ人の車の衝突事故をきっかけに、第一回目の大規模な民衆蜂起「インティファーダ」が始まった。

ポグロムとナクバ

一九六二年七月、アルジェリアが独立した時、フランス本国にたくさんの引揚者がでた。彼らは「ピエ・ノワール」と呼ばれる。彼らの多くはユダヤ人であった。十九世紀の半ばにフランスは、アルジェリアを支配したが、あえて植民地ではなく、三つの県を置き、フランスという国の一部だとした。じつは、ユダヤ人を本土から体よく追い出して住まわせるためだった。引揚者たちはその子孫である。

ユダヤ人が歴史上迫害されたのは紛れもない事実である。

十九世紀にはロシア帝国で大規模な反ユダヤ暴動が起き、ポグロムと呼ばれた。以降ソ連や東欧で行われたユダヤ迫害にもこの言葉が使われる。

欧州大陸では、アメリカのように黒人奴隷がなかったこともあって、最も大きな人種差別はユダヤ人差別であった。

十九世紀には、ユダヤ人の間でパレスチナの地に帰るというシオニズムが生まれた。

現在のパレスチナ問題の源は、パレスチナを含む一帯を統治していた英国がアラブ人にもユダヤ人にも、そして、フランス・ロシアにもいい顔をした、三枚舌外交にあるとよくいわれる。整理してみよう。

- 一九一五年十月、フサイン＝マクマホン協定。オスマン帝国との戦争（第一次世界大戦）に協力することを条件に、オスマン帝国の配下にあったアラブ人の独立を承認する。
- 一九一六年五月、サイクス・ピコ協定。英国・フランス・ロシアによる中東分割の秘密協定で、パレスチナは共同統治とされた。
- 一九一七年十一月、バルフォア宣言で、パレスチナにおけるユダヤ民族居住地建設を認める。

これらは、第一次大戦中の出来事で、戦争の進展と関係がある。

一九一四年の九月に始まった大戦でドイツは、ポーランド・ロシアと、ベルギー・フランスの両方を攻めた。その年末、フランス国内の戦線、いわゆる西部戦線が膠着状態となり、戦いの中心はロシアの東部戦線となった。

一九一五年、西部戦線で英仏軍が反撃するも失敗。東部戦線でのロシアの攻撃も六月にポーランドやオーストリア・ハンガリー、セルビアで止まってしまう。さらに、英仏などの連合軍は、ドイツと同盟しているトルコのガリポリ（イスタンブール）に上陸するが、進軍できず、海ではドイツの潜水艦Uボートが出現し、英国封鎖や太平洋航路の船を攻撃した。この戦況の中でイギリスは、アラブ人を仲間に引き入れて、トルコと対立させる必要があった（フサイン＝マクマホン協定）。

一九一六年、西部戦線では二月のヴェルダンの戦い、七月のソンムの戦い、東部戦線ではブルシーロフの戦いと、後世に残る激戦が行われた。総力戦の影響が日常生活においても深刻化し、フランスでは「兵士のストライキ」など、厭戦機運も生まれた。英仏露の結束固めが必要だった（サイクス・ピコ協定）。

一九一七年一月、バグダッド周辺など、イラクでの戦いが始まる。二月以降、ロシアが革命で揺れる。十月には革命ボルシェビキ政権成立。そんな中、四月六日、アメリカがドイツに宣戦布告した。しかし、アメリカ軍が欧州に到着したのは年末になってからだった。十月の末、パレスチナが戦場になった。イギリスには、ユダヤ人の支持が必要だった（バルフォア宣言）。

ちなみに、英国は日本にも派兵を求めた。しかし、日本政府は断り、地中海に艦隊を送ってお茶を濁した。一九一八年になっても要請は続き、大正天皇に英国陸軍元帥号を送った。

戦争となれば何でもやる。それが現実だ。

第二次大戦中、史上最大のポグロム、ナチス・ドイツによるホロコーストが起きた。戦後ユダヤ人たちはパレスチナの地をめざした。

シオニスト（ユダヤ人国家を形成しようとする人）たちは、第一次大戦の前から、パレスチナの土地を買っていた。一九四五年三月末の時点でのユダヤ人占有地はパレスチナの総面積の六％となっていた。一九四七年、国際連合はパレスチナの分割を提案するが、その国境線は、購入されていたユダヤ地区の土地をイスラエル領に含むよう引かれた。

もっとも実際には、ナチの強制収容所に入っていたユダヤ人がヨーロッパの故郷に帰国しても財産もすでに没収されてなくなっており、また、いつも歓迎されていたわけでもなかったという事情もある。

ところが、パレスチナに着くと、そこにはすでに何世代も定住していたアラブ系の人たちがいた。彼らを追い出さねばならなかった。

イスラエルの独立宣言の翌日、アラブ連盟五か国（エジプト・トランスヨルダン・シリア・レバノン・イラク）が攻撃して、第一回目の戦争が始まり、イスラエルが勝利した。大量のパレスチナ人が難民になった。「ナクバ」（アラビア語で「大破局」、「大災厄」）である。

ユダヤ人もパレスチナ人もお互いに、同じ苦悩を背負っている。本来ならば、イスラエルのユダヤ人とパレスチナ人は一緒になって、西洋の横暴、歴史の理不尽に対して闘うべきなのだが。

パレスチナの孤独

二〇〇八年十二月二十七日に、イスラエル軍がガザ地区で大規模な空爆をしたことがある。ハマスはイスラエルにロケット弾を撃ち込んで反撃。年明けにはイスラエル軍が地上侵攻した。

あの時は、「ガザ紛争」といわれた。

今回はガザ紛争といわずに「戦争」といわれる。イスラエル政府もすぐさま戦時内閣をつくった。現在のイスラエル・ハマス戦争は、これまでの四回の「戦争」とは様相が違う。これまではいずれもエジプトなど周囲のアラブ諸国との戦争だった。ところが、今回は、外国との戦争ではなく、イスラエルという国家対ハマスという組織の戦争である。

ヨム・キプール戦争の五年後、一九七八年、アメリカのカーター大統領の仲介のもと、アメリカのキャンプ・デイヴィッドでエジプトのサダト大統領とイスラエルのベギン首相が合意に達し、翌年エジプト・イスラエル平和条約が締結された。

アラブ諸国はもはやパレスチナのためには戦わない、という意思表示だったともいえる。イスラエルでシャロン政権になり、第二次インティファーダが起きていた二〇〇二年三月、イラクからモロッコまでのアラブ諸国が一堂に会したアラブ連盟で、平和構想が採択された。主な内容は以下の通りである。

①イスラエルは、一九六七年六月四日以降の占領地から撤退する（国連安保理決議二四二号に基づく要求）。
②イスラエルは、国連総会決議一九四号に基づく、パレスチナ難民問題の解決を行う。
③イスラエルは、一九六七年六月四日以降の、パレスチナ自治政府領に相当する占領地をパ

レスチナに返還し、東エルサレムをパレスチナの首都と認める。
④以上の代償として、アラブ諸国はイスラエルとの和平協定に署名し、地域のすべての国の平和を達成する。
⑤同時に、アラブ諸国はイスラエルとの国交正常化に踏み切る。

しかしアラブ諸国は、これらの条件がまったく実現していないのに、イスラエルとの国交正常化を進めた。

たしかに、アラブ諸国は、パレスチナ解放の大義名分のもと、イスラエルに対して何度も戦争をしている。だが、七〇年に起きたヨルダン内戦が象徴するように、本音では、入ってきた大量の難民を追い出したいのである。パレスチナ問題をユダヤ対アラブの単純な図式で見てはならない。

アラブ世界研究開発機構（ＡＷＲＡＤ）が、二〇二三年十月下旬から十一月上旬にかけて実施した調査によると、ヨルダン川西岸とガザ地区の両方に住むパレスチナ人の四分の三は、十月七日のイスラエル南部へのハマス特殊部隊の浸透を「強く」または「適度に」支持している。好ましい組織や団体の順位では、ハマスの武装部隊であるエゼディン・アルカッサム旅団が大きくリードしている。将来に目を向けると、パレスチナ人の九〇％は、イスラエル人との平和共存の可能性はますます遠ざかると考えている（『レゼコー』2023.11.14）。

これをもってパレスチナ人がハマスを支持していると見るのは早計であろう。むしろ、もはや誰も助けてくれない絶望のあらわれだと、見るべきだ。

パレスチナ人の生活改善を目的とする社会経済進歩研究所（ＩＳＥＰ）の別の調査によると、パレスチナ人は完全に孤立しており、その五六％にとっては世界に真の同盟者がいないという深い感情を抱いている。パレスチナの大義に好意的であると考えられている国の中で、ロシアはトルコを上回っている。アラブ世界は大きく遅れをとっており、これはまた深い失望、とくに湾岸諸国に失望させられた、という感情を示している。（『レゼコー』2023.11.14）。

アラブ諸国にはもはや、この問題を解決する力はない。

しかし、そもそもユダヤ人を迫害したのはヨーロッパだったのに、なぜヨーロッパはアラブ人にその犯罪の代償を支払わせたのか。

ホワイトハウスでの握手

一九九三年九月十三日付の『ル・パリジャン』の一面は、「平和への道」という大きな見出しで飾られていた。背景には、飛行機に乗り込むパレスチナ解放機構（ＰＬＯ）のアラファト議長の写真。

ＰＬＯは一九八八年十一月に、「シオニスト国家打倒によるパレスチナ解放」から「イスラエルと共存するヨルダン川西岸地区およびガザ地区でのパレスチナ国家建設」へと方向転換を行い、議決機関のパレスチナ国民評議会でパレスチナの独立宣言を採択した。そしてテロ活動を放棄した。

ＰＬＯは、政教一致のイスラム国家をめざすハマスとは対照的に政教分離で宗教を政治社会の基礎としておらず政治に宗教を持ち込まない。ＰＬＯ・ファタハが政教分離非宗教的であることは、西洋民主主義国家の前提とも合致し、暴力闘争を放棄した時点で、欧米との対話が可能になり、国際社会の承認も得られた。

一九九二年、イスラエルに労働党政権が成立し、イツハク・ラビンが首相になった。

一九九三年九月十三日、アメリカ・ワシントンのホワイトハウスの芝生の上で、ビル・クリントン大統領に促されてラビン首相とアラファト議長が握手した。この日、クリントン大統領は世界中から二五〇〇名の賓客を招き、証人とした。

集まった招待客から大きな拍手が沸いた。二人が和平協定に署名したのである。

「ピース、サラム、シャローム」平和、平和、平和……。これらの言葉が、あらゆる表現の仕方で、この出来事を祝福するのに使われた。戦闘による多くの死者への追悼、聖書の引用、アラブ語とヘブライ語と英語の祈り。ワシントンの秋の太陽のもと、三か国語で、素晴らしい平和への呼びかけがあった。それも、つい最近まで仇敵同士だった三人の人たちによって。

この日の模様を伝える『ル・モンド』(1993.9.15) のワシントン特派員の記事からは希望が溢れ出ている。「イスラエルとPLOは歴史との出会いを逃さなかった」。

これを報じる日本の社説にあたる同紙の編集部論説はこう始まった。

この歴史的な日に、イスラエル人とパレスチナ人も誠実さを感じさせた。どちらの側も、「血はもう十分だ! 涙はもう十分だ!」という平和のメッセージだけでなく、自分の苦しみを隠そうとしたり、懸念を隠そうとしなかった。ヤセル・アラファト議長と待望の握手をする前のイツハク・ラビンのわずかな躊躇さえも、ここで行われた約束が真剣なものであることを保証しているかのようであった。和解は苦しい困難なものであった。それだけに、なおさら長続きするだろう。

記念演説でラビン首相はいう。

私たちは、私たちの子供たち、そして私たちの子供たちの子供たちが、戦争、暴力、テロの痛ましい代償を払わなくてすむように、敵対関係を終わらせようと努めるために来ています。

私たちは彼らの存在の安全を確保し、悲しみや過去の辛い記憶を和らげ、平和を望み祈るために来ています。

言わせてください。パレスチナ人の皆さん、私たちは同じ土地の同じ土壌で一緒に暮らす運命にあると。血に染まりながら戦闘から帰還した兵士たち、家族や友人が目の前で惨殺されるのを見た私たち、葬式に参列した親の目を正視することができなかった私たち、子供たちを埋葬するのは親であり、あなたたちパレスチナ人と戦ったのは私たちです。私たちは今日、大きな声ではっきりと言います。「血も涙も十分だ！　もうたくさんだ！」

私たちに復讐の欲望はまったくありません、あなた方に対して何の憎しみも抱いていません。私たちもあなたたちと同じように、家を建て、木を植え、愛し、尊厳を持って、親近感を持って、人間として、自由な人間としてあなたたちと一緒に暮らしたいと願う民です。

PLOのアラファト議長は、列席した各国代表に向かって訴えた。

我が民は、我々は今日署名するこの協定が、平和、共存、平等な権利の時代につながることを望んでいます。大統領（アメリカのクリントンのこと）、我々はあなたが果たす役割と、中東の平和なくして世界の平和は完全ではないと信じるすべての国が果たす役割に期待しています。

そして、さらにいった。

我が民は、自主決定権の行使によって隣人の権利を侵害したり、隣人の安全を損なったりすることができるとは考えていません。それどころか、虐待されてきた、歴史的不正義に苦しんできたという感情に終止符を打つことは、両国国民と将来の世代の間の共存と解放を達成するための最も強力な保証となります。我ら両国の民は今日、この歴史的な希望を待望しており、平和に真のチャンスを与えたいと考えています。

和平協定のもとになったのは、この三週間前、ノルウェーの首都オスロで締結された合意である。オスロ合意の前文はこううたう。

イスラエル政府とパレスチナ人民を代表するパレスチナのチームは、数十年にわたる対立と紛争に終止符を打ち、互いの正当な政治的権利を認め、平和共存と相互の尊厳と安全保障の中で生きるよう努力する時が来たことに同意する。合意された政治プロセスを通じて、公正かつ永続的かつ包括的な和平解決と歴史的和解を達成する。

パレスチナはガザ地区とヨルダン川西岸地区を領土とする暫定自治政府を設立する。それは単なる自治地域ではなく実質的な国家である。イスラエルはこれを承認する。そして、この自治政府はイスラエルを国家として認める。

エルサレムは歩いて十五分ほどで横断できる旧市街地を中心に東京の区部と同じぐらいの広がりがある。その東側はイスラム教徒すなわちパレスチナ人地区で、西側はユダヤ教徒すなわちイスラエル地区である。

大西洋の向こう側で歴史的な握手が行われた日、東エルサレムは歓喜で沸いた。

この両地区は、一九六七年六月の第三次中東戦争（六日間戦争）で、イスラエルに占領されてしまった。

この合意によってこの占領地域からイスラエルは暫定的に撤退し、パレスチナは完全自治を樹立するのだ。ただしこれで、ガザの住民の七割にのぼる難民が故郷に帰れるわけではない。国外にいる難民がパレスチナの地に戻れるわけでもない。それでも、二六年間の軍事占領から解放される。自分たちの国ができる大きな一歩であり将来への希望の道がひらけたのである。

翌一九九四年のノーベル平和賞はラビン首相とペレス外相、アラファト議長に贈られた。

ラビン首相暗殺とアラファト議長の死

ラビン首相はノーベル平和賞受賞の記者会見で「ちょっとしたミスで建物全体が崩壊につながる可能性がある」と語ったが、その危惧は一年も経たぬうちに現実になってしまった。

一九九五年十一月四日、ユダヤ人青年がラビン首相を暗殺したのである。

翌年の総選挙、首相公選で、リクードのベンヤミン・ネタニヤフが勝った。

一方で、PLOの中でも、オスロ合意に反対してPFLP（パレスチナ解放人民戦線）が脱退した。加えて、イスラム聖戦やハマスなどイスラエル撲滅勢力が徐々に力を伸ばしていった。

一九九九年に、エフド・バラク政権が誕生した。故ラビン元首相と同じ労働党で、パレスチナ暫定自治政府との和解に積極的な姿勢を見せていたが、ユダヤ人のパレスチナ人居住地への入植についてはむしろ促進派であった。二〇〇〇年七月には、クリントン大統領の仲介によってキャンプ・デイヴィッドでアラファト議長との交渉が行われたが、失敗に終わった。

決定打は、その二か月後に来た。

エルサレムの旧市街の東側には丘がある。その上にイスラム教の第三の聖地とされる岩のドームなどが立つハラム・アッシャリーフ（高貴なる聖所）と呼ばれる広場がある。

二〇〇〇年九月二十八日早朝、当時最大野党となっていたリクードのアリエル・シャロン党首が、議員六名と共にハラム・アッシャリーフを散歩した。

ここは、ユダヤ教の神殿があったところで、「神殿の丘」とも呼ばれている。丘の西の側面の壁は「嘆きの壁」と呼ばれてユダヤ教の聖地になっている。シャロン党首は「神殿の丘を訪問しに来た。私たちは平和と協力のメッセージを届ける」と記者団に語った。シャロンはタカ派の中のタカ派で、一九八二年、国防相の時にレバノンのサブラ・シャティーラ難民キャンプで起きたパレスチナ人三〇〇〇人の虐殺事件の責任者とされるほど反パレスチナである。この散歩が挑発であることは明らかだった。

緊張はすぐに高まり、そこに集まったパレスチナ人が「アラー・アクバル」（神は偉大なり）と叫び始めた。

翌日にはデモがおき、イスラエル警察が発砲。一九八七年からのものに続く二度目の「インティファーダ」（蜂起）となった。

三十日には、一二歳の少年モハメッド・アリュデュラがイスラエル軍の銃弾にあたって死に、国際的に大反響を呼んだ。

このインティファーダは二〇〇五年二月八日まで続いた。その間にイスラエル一〇一〇人、パレスチナ人三一七九人が死亡した。

ちなみにこの頃、シャロンのライバルのネタニヤフ元首相の汚職容疑について不起訴が決定した。シャロンは、ネタニヤフに党の指導者の地位を明け渡さないためというのもハラム・アッシァリーフの散歩の理由の一つだと話している。政治屋の愚行の代償は大きかった。

二〇〇一年三月に首相になったシャロンは、ヨルダン川西岸とガザ地区に軍を侵攻させ、支配下に置いた。そして、分離壁の建設を進めた。アラファト議長を、テロリストだとして、軟禁した。

二〇〇四年十一月十一日、アラファトが死亡した。

翌年夏、ガザ地区のユダヤ人入植地を解体し、撤退した。この撤退には労働党も賛成していたが、シャロン首相は、べつにパレスチナ人の自治を尊重して解放しようとしたわけではない。ガザにも分離壁がつくられ、それはまさにかつてユダヤ人が閉じ込められたゲットーの拡大版だった。そして何よりイスラエル人がいなくなったことで心おきなく空襲できた。

また、パレスチナ自治政府が治安を強化することは認めず、その結果ハマスなど過激派の拡大を許すこととなった。

アラファトの死後、ファタハのマフムード・アッバスがパレスチナ自治政府の指導者になったが、二〇〇六年一月の総選挙でハマスに敗れる。その原因としては汚職などがいわれるが、アリエル・シャロン政権の下でガザは封鎖された「天井のない監獄」となり、ヨルダン川西岸でもユダヤ人の入植を進めるなど圧政の影響も大きい。

二〇〇七年にはハマスがクーデターを起こして、ガザを占領する。この時イスラエル軍はパレスチナ自治政府軍支援のため、介入の許可を求めたが、シャロン首相の側近で、脳卒中で倒れたシャロンの後を継いだエフード・オルメルト首相は拒否した。

ボロボロになった協定

オスロ合意によってパレスチナ自治政府が設立された二年後、一九九五年九月二十四日、ワシントンで暫定自治拡大合意（オスロ合意Ⅱ）が調印された。二つの国家へのプロセスである。

ヨルダン川西岸は、パレスチナ自治政府が治安・行政の双方を担当する「A地域」、パレスチナが行政、イスラエル軍が治安を担当する「B地域」、イスラエル軍が治安・行政共に担当する「C地域」に分割された。

A地域は七つの大都市で合意の当時、面積で一七・七％、パレスチナ人の人口の五五％であった。B地域はその他の都市、パレスチナ人の居住地域で、面積で一八・三％、人口で四一％であった。C地域はその残りで、面積では六一％を占めるが人口は四％でしかない。しかし、荒れ地の多いパレスチナにあって肥沃な土地と資源もある。国境はすべてC地域にあり、国境管理はもっぱらイスラエルが行なう（plateforme-palestine による）。

当時の構想は、ユダヤ人の段階的な退去を伴う、パレスチナ国家の実現だった。この目的のために五年間のスケジュールも計画されていた。

しかし、この合意からわずか一か月半後に、イスラエル首相イツハク・ラビンが暗殺された。先に見たように、オスロ合意反対勢力が伸びた。本来なら、一九九八年にはアラブ人とユダヤ人が共存する平和なパレスチナが成立していたはずであったが、完全に頓挫してしまった。かくして、七年後の二〇〇〇年でも、パレスチナ自治政府はヨルダン川西岸地区の一三%を支配するだけであった。

ホワイトハウスでラビン首相は「私たちは人々の間、戦争にうんざりした親の間、そして戦争を知らないであろう子供たちの間の関係の再生を始めます」と述べた。しかし、願いは粉々に打ち砕かれた。「戦争を知らない子供たち」となるはずの子供たちは「戦争しか知らない子供たち」になった。

暫定自治拡大合意（オスロ合意Ⅱ）でA、B、C地域に分けられたのは、イスラエルの警戒心もあるが、まだ、パレスチナ自治政府ができたばかりで、これから国家としての形を造っていくという段階にあったからでもある。

平和を本当に確立したいのであれば、イスラエルに任せるのではなく、各国がもっと積極的に介入して、パレスチナ国家の発展を支援するべきであった。

イスラエル国家とパレスチナ国家の共存がうまくいかないことについて、テロを抑えられないパレスチナ自治政府の能力が理由とされている。だが、ウクライナでも極右勢力の力を抑えられなかったし、将来ロシアとの戦争が終わった後でも自力で押さえられるかどうかは疑問だ。強い外圧が必要である。

パレスチナ政府の汚職体質も理由に挙げられている。しかし、それは世界の各地に見られることである。ウクライナもまったく同じで、オレンジ革命・マイダン革命を経験しても一向に良くならなかった。ロシアの侵攻に対抗する武器供与を受けるためと、EU加盟のためにようやく否応なしに改革が始まっている。ウクライナだけではなくフランスでさえもEUという外圧によって汚職体質が大きく変わった。

パレスチナにおいてもパレスチナ国家が真の民主国家となり、テロを撲滅するためにも時にはイスラエルとも対決できる強い国際的な庇護が必要である。

ここで問われるのは、世界各国の姿勢である。

「入植者の生活はパレスチナ人の自由よりも優先される」

これは十月中旬にヨルダン川西岸のパレスチナ人村ワディ・アル・シークで撮影された写真である。目隠しをされ、後ろ手に縛られた半裸の男性が三人いる。『ハアレツ』によると、彼らは入植者やイスラエル兵によって数時間拘束され、殴打され、放尿され、タバコの火を押し付けられたとされる。同じ場所にいたイスラエルの活動家も暴行を受けたという。このイスラエルの新聞によると、過激化したイスラエル人入植者である「丘の若者たち」の中から隊員を募集する「スファール・ハミドバル」部隊の仕業であるという。

フランスの『ル・フィガロ』がこう伝える(2023.10.31)。ガザに注目が集まっている陰で、同じくパレスチナ人の居住地区であるヨルダン川西岸で、ユダヤ人入植者による迫害が繰り返されている。

数十人のイスラエル人入植者がイスラエル警察と兵士を伴いワディ・アル・シーク村に到着した。彼らはこのベドウィン(遊牧民)コミュニティの二百人に対し、一時間だけ猶予を与えて土地を離れさせた(『レクスプレス』2023.10.28〔同誌はフランスのニュース週刊誌〕)。

スシヤ村では深夜、武装し覆面をかぶった入植者五人が、アーメドさんと妻、七歳と九歳の二人の娘の家に到着した。彼らはアーメドさんを殴り始め、二四時間以内に退去しろといった(『ウエスト・フランス』2023.11.1)。

これらは、十月七日にハマスがイスラエル領内へのロケット弾の一斉攻撃と大規模テロを行ったことに対する報復というわけではない。

イスラエルのNGOイエシュ・ディンによると、ヨルダン川西岸地区では二〇〇五年から二〇二一年の間に入植者による暴力事件が一〇〇〇件以上あったが、そのうち九三％が不起訴で、有罪判決に至ったのは、わずか三％にすぎなかった。また、十月七日以来一か月半で、二二五件のイスラエル民間人によるパレスチナ人への暴力事件が起きているが、犯人である数百人の入植者で拘留された者はなく、わずかに一人が逮捕されたがすぐに釈放された。

二〇二三年の初めから十月六日までの間に、パレスチナ人二〇〇人（うち子供四二人）が死亡、九〇六四人（うち子供一二九二人）が負傷している（ちなみにユダヤ人は二〇二三年はじめから十二月十四日までで、死亡三〇人、うち子供六人、負傷一四一人、うち子供一〇人である）。

一〇・七テロの二日前にも、フワラ村では入植者たちが仮庵《かりいお》の祭り（ユダヤ教三大祭の一つで十月頃に行われる）だといってメインストリートに陣取り、窓ガラスを割ったり店舗を略奪したりしてパレスチナ人と衝突、一九歳のパレスチナ人の若者が入植者に胸を撃たれて死んだ（『ル・モンド』2023.11.2）。

この事件についてイタマール・ベン＝グヴィル国家安全保障大臣はＳＮＳでコメントしている。「我々の生活はパレスチナ人の移動（および商売）の自由よりも優先される。我々は今後もこの真実を語り続け、その実行に積極的に取り組んでいく」。

十月七日のテロの後、ベン＝グヴィル大臣はユダヤ人入植者に自動小銃を配った。さらに「民事保護隊」をつくるために同じ銃を一万丁購入すると発表した。

ベン＝グヴィルは、暴力やヘイトスピーチを煽動したとして五〇回以上起訴され、二〇〇七年にはテロ集団を支援し、人種差別を煽動したとして有罪判決を受けている。彼を有名にしたのは、一九九五年、一八歳の時、オスロ合意に署名したことで右派からの激しい非難キャンペーンを受けていたイツハク・ラビン首相のキャデラックのエンブレムを群衆の中で引き剝がしたことだった。彼は誇らしげにテレビのカメラに映った。先述のように、ラビン首相は数週間後、別のユダヤ過激派によって暗殺された。

ベン＝グヴィルは「カハニスト（カハネ主義者）」に属していた。カハネ主義とはユダヤ教の聖職者ラビであるメイル・カハネの始めたパレスチナの地からアラブ人を排除する運動である。

一九九四年二月に西岸地区南部・ヘブロンのイブラヒム・モスク襲撃事件を引き起こし、同年、イスラエル政府に非合法化されたほか、「カハ」の分派「カハネ・ハイ」も、同国政府に非合法化された。

二〇〇三年以降、イスラエルのシャロン元首相殺害を呼びかけたほか、入植地からのイスラエル撤退を主張するパレスチナ自治政府幹部を脅迫した。また、二〇一四年十月に西岸地区で発生したモスク放火事件についても、「カハ」関係者の関与が指摘されている（『国際テロリズム要覧2022』公安調査庁）。

なお、アメリカもカハネ・ハイをテロ集団として認定していたが、二〇二一年五月に取り消している。

ベン＝グヴィルはパレスチナ人を土地や家から追放したいと考えていることを決して隠さない。さらに「我々が政権を樹立したら、イスラエル国と兵士に反抗的な行為をする者を追放する追放法を推進する」と、まだ大臣ではなく国会議員だった時代の二〇二一年八月のインタビューで述べている。

なお、ベン＝グヴィルは国家安全保障大臣になってから、シャロン元首相に倣ってハラム・アッシャリーフを訪れている。二〇二三年一月三日、五月二十一日と二度訪問し、ハマスやパレスチナ自治政府、アラブ諸国だけではなく、イスラエルを支持するアメリカからも「挑発」と評された。

ベン＝グヴィルは、シャロンよりもさらに過激な、超正統派とか超国家主義とかさまざまな呼び方をされている極右シオニストで、宗教法が統治する国家、神権政治をめざしている。この点では、宗教上は真っ向から対立しているが、現在のイランと同じ思考回路である。

「パレスチナ人は存在しない」

ベザレル・スモトリッチ財務大臣兼国防省内大臣（入植担当）も、このような極右シオニストで宗教的シオニスト党の党首である。力関係ではベン＝グヴィルよりも上で、総選挙の時ベン＝グヴイルの「ユダヤの力」党を取り込んだ。二人共に自らヨルダン川西岸地区の入植地に住む。スモトリッチは、オスロ合意に署名したラビン首相を大反逆罪で軍事法廷で裁くべきだったと主張している。

先に入植者たちが仮庵の祭りに乱暴狼藉を働いたフワラ村は、二月にも周辺のユダヤ入植者に焼き打ちや略奪をされている。その時、スモトリッチ大臣は、あろうことか、「フワラ村は殲滅されるべきだ。これは市民ではなくイスラエル国家が行うべきである―神が我々を護っている―と思う」とコメントした。

スモトリッチは、三月に、パリを訪問して極右シオニストの集会で講演した。ヨルダンまでを含む大イスラエルの地図が飾られた演壇で、そもそも「パレスチナ人」というものは存在しない、であるから、パレスチナ国民による「国民国家」はありえない、と言い放った。この模様はフェイスブックでライブ配信された。

すなわち、パレスチナにはアラブ人がいるだけであって、文化的、民族的にもパレスチナの地に結びついたパレスチナ人などは存在しない。本来パレスチナの地は聖書や律法（トーラー）に書かれている通り、ユダヤ人の土地である。ヨルダン川西岸地区も正しくはユダヤ・サマリア地区であり、アラブ人が住むべき土地ではない。アラブ人には、アラブ人の家がある。彼らは出て行ってそこに住む、そして、パレスチナの地は「ユダヤ人」という民族による「国民国家」であるイスラエルが領有する、これが正しい。

この講演をした時すでに現役財務大臣だったが、アメリカでもフランスでも閣僚との公式会談はできなかった。両国とも彼を警戒して避けていたのである。

自分の信念を貫くためには、国際的なとりきめを破ることもいとわない。「パレスチナ暫定自治合意」に基づいてイスラエル財務省はパレスチナ人に代わって税金を徴収し、占領下のヨルダン川西岸地区で限定的な自治権を持つパレスチナ自治政府に毎月送金している。ところが、スモトリッチ大臣は、ハマスのテロを支援し、我々を殺害し、虐殺したテロリストに資金を提供する「ユダヤとサマリアの敵」に、イスラエル国家は資金を提供しない、として拒否した。さすがに、アメリカのブリンケン国務長官も資金の即時支払いを要求したが、動じなかった（最終的に、イスラエル政府は送金した）。

スモトリッチは六年前、国会議員時代に『イスラエルの決定的計画』という論文を発表している。その中でスモトリッチは「パレスチナ人は存在しない」ということを詳しく説明する。

「パレスチナ人民」はシオニズム運動に対する対抗運動にすぎない。これこそがまさに本質であり、そのレゾンデートル（存在理由）なのである。

パレスチナとは、二〇〇〇年前にユダヤ人を追放した後でローマ人がユダヤ人の記憶を消そうとしてつけた地理的名称にすぎない。けっして民族の名ではない。ユダヤ人がイスラエルの地を取り戻すシオニズム運動が始まったので、対抗して戦うために、アラブ人たちがこの地名を使ってパレスチナ人だと言い出したにすぎない。

「パレスチナ人」はシオニズムを否定するためにあたかもパレスチナの地の人間であるかのようにアラブ人が自称しただけのことであって、もともと存在するものではない。であるから、彼らがパレスチナ人だと主張するためには、イスラエルというユダヤ国家が存在する権利を拒否する以外にない。

イスラエルに対する闘争があるからこそパレスチナのナショナリズムが存在できるのであって、もし紛争がなくなればパレスチナというものもなくなる。であるから、シオニズムとパレスチナ民族主義がイスラエルの地で共存できる可能性は皆無である。

古めかしい「新しい計画」

以下、スモトリッチの『イスラエルの決定的計画』を紹介する。長くなるが、重要な文章なので、読んでおきたい。

私はイスラエルの人々とイスラエルの地の間の生きたつながりを信じている。全世界に対するユダヤ人の運命と使命、そしてこの大義の実現を確実にするイスラエルの地の活力を信じている。イスラエルの地が、かくも多くの世代にわたって完全に無視されてきた後で、ユダヤ人の帰還をきっかけに繁栄し、開花しているのは偶然ではないと私は信じている。
私は、この土地に対する何世代にもわたる切望と、そこへの究極な帰還への自信が、イスラエル国家の樹立に導いたシオンへの回帰の前進の最も深い原動力であると信じている。

歴史的、国際的、宗教的観点から見ると、二千年にわたる亡命、放浪、迫害を経てユダヤ人をその土地に帰還させるというシオニストの計画は、過去数世紀に行われた中で最も公正かつ道徳的な事業である。我々は国連ではないので、正義と議論において二つの物語を同等に扱わなければならないと強制されてはいない。我々の大義が正しいということへの信念は、矛盾するアラブの願望を打ち破る道徳的な強さを我々に与えるものである。イスラエル国家は、聖書の物語の正義への信念と、ヴィジョン（啓示）を実現しイスラエルの地をイスラエルの人々に回復するために、まれな歴史的瞬間に、世界各国の合意の力によって設立された。
ユダヤ人国家とパレスチナ人国家という二国家並立案は不可能である。

小さな領土に二つの相反する国家的願望が存在し続けることは、さらに何年にもわたる流血と武力紛争を確実にするであろう。

アラブ人は絶望しているからユダヤ国家を攻撃し続けているのではない。希望を持っているからである。平和は、イスラエルの地で、パレスチナ人が国家を創りたいという願望を放棄した場合にのみ実現する。パレスチナ国家樹立の希望を打ち砕いてこそ抵抗をやめさせることができる。入植は、この正しい決定的な解決に至る手段なのである。

入植による勝利は、この地にアラブ国家は決して誕生しないという理解をアラブ人と世界の意識に刻み込むことになるだろう。

（ヨルダン）川から海に至るまでのユダヤ国家に対する我々の国家的大志は既成の事実であり、議論や交渉の余地のない事実であることを、我々は明らかにする。

この段階は、ユダヤとサマリア（ヨルダン川西岸）全体の主権を持つという政治的・法的行為と、同時に行われる入植行為、つまり都市や町の設立、インフラの敷設、そして何万人、何十万人もの住民がユダヤとサマリアに来て住むのを奨励することによって実現されるだろう。このようにして、我々は、明快で不可逆的な現実を地上に作り出すことができるであろう。

イスラエルの地のアラブ人には二つの基本的な選択肢がある。

①国家樹立を諦めた者は、ここに留まり、ユダヤ国家で個人として生きる。

②国家を持つ野心を捨てない者は、すでにあるアラブ人の国家や世界のほかの目的地に移住するための援助を受ける。（番号は引用者）

なお、この二つとは別の選択肢もある。「イスラエル国防軍、イスラエル国家、ユダヤ人と戦い続ける」である。これを選んだ者はテロリストであり、イスラエルの治安部隊によって強力に、徹底的に鎮圧される。

ユダヤ国家に残ったアラブ人（①）は、国家としての性格を持たない日常生活を円滑にするための地方公共団体の選挙には参政権を持つ。だが、イスラエルの国政選挙に参加することはできない。彼らは「ユダヤ国家の翼の下」で生活し、自由を謳歌することができる。彼らは、ユダヤ国家とその制度への忠誠心、そして兵役や国家奉仕に応じて、居住する権利や市民権をえる。

「すべての人が投票し選出される完全かつ平等な権利を持たない民主主義は民主主義ではない」という理屈は、二国家解決の擁護者たちの役に立ち、イスラエル国民を恐怖に陥らせる。彼らの主張、すなわち、イスラエルの国の中心にアラブの恐怖国家が設立されなければ、イスラエル国家はユダヤ国家になるか民主国家になるかの選択を迫られることになるという主張は、まったくの虚偽である。

我々は、アラブ人住民に国会への即時投票権を与えることなく、ユダヤとサマリアの全領土にイスラエルの主権を課すことができ、しかも民主主義を維持することができる。たしかに、完璧な民主主義ではないが、それでも民主主義である。現実は完璧なものではない。


スモトリッチはこの「新計画」は、「国際社会に新しいパラダイムを提示」するものだと述べる。だがけっして新しいパラダイムではない。

このパレスチナのアラブ人のあり方は、第二次大戦前まで世界各地にあった植民地の現地人の生活そのものである。

スモトリッチはこの『イスラエルの決定的計画』で次のように述べる。


ユダヤ人は、この国に非常に多くの良いもの、豊かさ、進歩、発展、技術をもたらし、そして、ここで平和に暮らしたいと願う人なら誰でも、喜んでそれらを享受できるようにしたい。個人としてここに滞在することを選択した人々は、周囲のアラブ諸国の親戚や友人、あるいは（腐敗した）パレスチナ自治政府の下で予想される生活よりも、はるかに良い生活を楽しむことができるだろう。

これは、植民地拡大の時に、西洋諸国が「文明」をもたらすといっていたのとまったく同じである。けっして新しいものではなく十九世紀に回帰しているだけである。

イスラエル世論の変化

ネタニヤフ首相はたしかにこれら極右シオニストを主要閣僚に任命して連立を組んでいる。だが、連立政権はしばしば政権を維持するための方便にすぎない。たとえば日本における自公連立で公明党は政策面では自民党にひきずられている。ネタニヤフ首相が所属する最大右派政党のリクードの姿勢が重要である。

リクードは、非宗教の政党ではあるが、極右シオニストと同じく、パレスチナ人はアラブ人なのだから、アラブ人はアラブ人の国に住めばいい、という考え方であった。

しかし、一九九三年にオスロ合意を協定に仕立ててホワイトハウスで大々的に披露したアメリカの顔を立てて、パレスチナ人の自治は認めるが、ヨルダン川西岸地区とガザ地区を分断して骨抜きにするという姿勢をとっていた。

そんな彼らにとって、パレスチナ解放機構（PLO）がテロを棄て、ユダヤ人国家との共存に路線転換した頃にできたハマスは好都合だった。

ＰＬＯ（およびその政治組織ファタハ）は非宗教で、欧米の民主主義の国々に受け入れられる。しかし、ハマスは、イランと同類のイスラム国家をめざす政教一致の宗教原理主義である。しかも欧米では絶対的なタブーとなっている「反ユダヤ主義」を公言している。

三〇年以上にわたってフランスの国営放送のエルサレム駐在員だったシャルル・アンデルランはスイスの新聞『ブリック』（2023.11.1）のインタビューに答えていう。

二〇〇九年に政権に復帰したベンヤミン・ネタニヤフ首相は、カタールにハマスへの資金提供を許可しました。テルアビブ近郊のベングリオン空港には毎月プライベートジェットが着陸し、カタールの特使がドルを詰めたスーツケースを持って降り立っていました。彼はイスラエル警察に付き添われてガザに行き、そこでハマスに資金を引き渡しました。

この作業はあまりにも目立ちすぎていたため、数年前、別のより目立たない資金送金方法に置き換えられました。

またイスラエルの多言語オンライン新聞『ザ・タイムズ・オブ・イスラエル』のタル・シュナイダー記者も、ネタニヤフ首相は、数百万ドルものカタールの資金が入ったスーツケースがガザに入るのを許可しているという。そして、「二〇一四年以来、ネタニヤフ首相率いる政府は、ガザからの焼夷風船やロケット弾攻撃を事実上見て見ぬふりをしてきた」(2023.10.8)。

十一月十九日の『エルサレム・ポスト』にリクードのギラ・ガムリエル諜報大臣が寄稿している。彼女は議員歴二〇年で若手だったシャロン内閣の時にすでに農業副大臣も務めている。けっして異端、反主流ではない。

諜報省は有名な諜報機関モサドとシャバク(イスラエル安全保障局)を監督する重要な官庁である。大臣は、「私のオフィスが熱心に取り組んでいる問題の一つは、ハマスが敗北し壊滅した翌日にどう行動するかということである」と述べる。

国際社会はパレスチナ自治政府をガザの統治に戻すよう求めているが、「この選択肢は過去にも失敗しており、今後も失敗するだろう」。

そして、「人道的理由」からガザのパレスチナ人に「もう一つの選択肢」を提案する。それは、ガザ地区以外に自発的に移動して再定住する、というものである。もちろんその先は、イスラエル国内ではない。要するにまた難民になれということだ。

他の場所での生活を求める人々にその機会が提供されることが重要である。(略)ガザ再建や破綻したUNRWA(国際連合パレスチナ難民救済事業機関)に資金をつぎ込む代わりに、第三国定住費用を支援し、ガザ住民が新たな受け入れ国で新たな生活を築くのを助けることができる。

つまりガザのパレスチナ人は、イスラエルに帰順して積極的にハマス掃討戦に参加すべきなのである。そうでなければ国外に出るべきなのだ。今、多くの犠牲が出ているのはエジプトなど諸外国が受け入れないからなのである。

二〇一八年七月十九日にイスラエル政府が公布した、憲法にあたる「基本法：ユダヤ人の国民国家としてのイスラエル」では「イスラエル国において民族自決を行使する権利は唯一ユダヤ人のものである」とした。

イスラエルの独立宣言は「イスラエル国は、ユダヤ人移民を受け入れ（略）全住民の福祉と利益のために国土開発に努力する。イスラエルの預言者らによって語られた自由と正義と平和を基盤に置き、宗教、人種、性別に関わりなくすべての住民に、社会上および政治上の完全にして平等の権利を確保し、信仰、良心、言語、教育および文化の自由を保証、すべての宗教の聖所を保護し、国連憲章の諸原則を忠実に守る」とうたう（駐日イスラエル大使館ホームページによる）。

この二〇一八年の基本法で、イスラエル政府は「人種、性別に関わりなくすべての住民に、社会上および政治上の完全にして平等の権利を確保」することを否定したのである。

連立政権樹立にあたって二〇二二年十二月二十八日に発表された「イスラエル第三七代内閣基本原則」には次のように明記されている。

ユダヤ人は、イスラエルの地のすべての地域に対して独占的かつ譲渡できない権利を有する。政府は、ガリラヤ、ネゲブ、ゴラン、ユダヤ、サマリアなど、イスラエルの地のあらゆる地域で、ユダヤ人の存在を拡大することを奨励し、発展させるだろう（『ザ・タイムズ・オブ・イスラエル』の英訳による）。

もはや極右シオニストとの境界線がなくなった。

このような、極右シオニストの台頭の背景には、最近のイスラエル世論の変化がある。パリ政治学院の国際研究所のサミー・コーエンは「イタマール・ベン＝グヴィルは、重要な点を一つ理解した。イスラエル社会は変わり、暴力的、女性蔑視的、人種差別的な言論を容認している。彼はこの変化を明らかにする者であり、原因ではない」と分析する（『ル・モンド』2023.1.9）。

現在のネタニヤフ内閣は、二〇二二年十一月一日に行われた国会総選挙後に組閣されたが、その総選挙の結果、オスロ合意を行った労働党は一二〇人中わずか四人に凋落した。

ユダヤ人が全員シオニストであるわけではない

二〇一九年にマクロン大統領はフランスユダヤ人団体代表理事会（ＣＲＩＦ）の晩餐会で、ホロコースト記憶国際同盟（ＩＨＲＡ）の反ユダヤ主義の定義を支持したいと表明した。その定義は次の通りである。

反ユダヤ主義とは、ユダヤ人へのある種の認識であり、それがユダヤ人に対する憎しみとして表現されることがある。反ユダヤ主義の修辞的および物理的な表現は、ユダヤ人および非ユダヤ人の個人および／またはその財産、ユダヤ人コミュニティ組織と宗教施設に向けられる。

二〇一六年に発表され、イスラエルを始めルーマニア、オーストリア、ブルガリア、ドイツ、英国で支持あるいは採択されている。

これを受けて、マクロン与党の共和国前進（ＬＲＥＭ）の国民議会議員が非拘束の支持決議案を提出した。

決議案の投票の前日『ル・モンド』で、一二七人のユダヤ人知識人が、「フランスを含む世界中での反ユダヤ主義の台頭は、私たちに深い懸念を与えている」としつつも国会議員に支持しないよう求めた（2019.12.2）。「反ユダヤ主義は、憎悪と闘うために、他の形態の人種差別や外国人排斥と同様に、普遍的な基盤で戦わなければならない」のだが、この決議はそれに反するというのだ。

同アピールは二つの理由を挙げる。

第一は、反・反ユダヤ主義とシオニズムの混同である。

決議の提案説明で、「ユダヤ人で構成された集団であるイスラエルの存在そのものを批判することは、ユダヤ人コミュニティ全体に対する憎しみを表明することに等しい」とイスラエルとユダヤ人を同一視しているが、イスラエルの人口の約二〇％はパレスチナ市民であり、そのほとんどがイスラム教徒またはキリスト教徒である。

自分をシオニストと考える人々も含めて、私たちは皆、この混同は根本的に誤りであると考える。自分を反シオニストだと考える多くのユダヤ人にとって、この混同は極めて侮辱的だ。反シオニズムはユダヤ人の歴史において正当な見解であり、イスラエルにおいても長い伝統がある。ユダヤ人の中には、宗教的な理由でシオニズムに反対する人もいれば、政治的または文化的な理由でシオニズムに反対する人もいる。ホロコースト犠牲者の多くは反シオニストであった。決議草案は、さかのぼって反ユダヤ主義的であるとみなすことで、彼らの名誉を傷つけ、彼らの記憶を傷つけるものである。

「パレスチナ人がシオニズムに反対するのは、ユダヤ人に対する憎しみからではなく、シオニズムを抑圧的な政治運動として経験しているからである」。彼らにとってシオニズムは、財産の剝奪、追放、占領、そして構造的不平等を意味する。

そして「シオニズムを支持する反ユダヤ主義者も数多くいる」。

たしかにその通りで、自国からユダヤ人を追い出すためにシオニズムを支持する者も多い。

第二の理由は、ＩＨＲＡの定義は明確さを欠き、付帯する例からしてイスラエル批判と反ユダヤ主義を同一視しているということである。定義そのものは先に紹介したように簡潔なものだが、いくつかの「反ユダヤ主義」の例が挙がっており、その中には、次のものが入っている。

- ユダヤ人国民が自国の利益よりも、イスラエルや世界規模でユダヤ人の優先という考えに忠実だと非難すること。
- イスラエル国家の存在は人種差別的行為であると主張するなど、ユダヤ人の民族自決権を否定すること。
- 他の民主主義国家には期待されていない、または要求されていない行動を要求することによって二重基準を適用すること。

これに従えば「イスラエルとパレスチナの紛争について二国並立や民主的な解決策を支持するだ

けで」、「イスラエルが人種差別を制度化していると批判するだけで」反ユダヤ主義だとされてしまう。こういう意見を発表することは、民主主義国家では通常表現の自由によって保護されているのだが。

同アピールは次のようにも述べる。

ベンヤミン・ネタニヤフ首相率いるイスラエル政府は長年、同国の政策に反対する者を反ユダヤ主義的だと非難してきた。ネタニヤフ首相自身も、反シオニズムと反ユダヤ主義の同一視とＩＨＲＡの定義を力強く擁護してきた。これは、反ユダヤ主義との戦いがイスラエル政府を守るためにどのように利用されてきたかを示している。

イスラエル批判のむずかしさ

イスラエルの現政権は、現在の政府の方針に反対する者は「反ユダヤ主義」、すなわち人種差別主義者だとする。

本来、反・反ユダヤ主義は普遍的な反人種差別・基本的人権擁護であってイスラエルという国家とは別物である。またある国の存在を支持するということと、現政権を支持するということは別である。ロシアやアメリカの存在は認めても、プーチンやバイデンに反対する人はいる。

ところが、いまや、イスラエルという国を支持するということと現政権を支持するということが固く結びつけられている。

さらに、この同一視の論理の延長で、現在のイスラエル政府の方針に反対する者は「反ユダヤ主義」、すなわち人種差別主義者だとされる。

二〇二三年十月二十七日、国連総会の緊急特別会合で戦争におけるイスラエルの行動を非難し、「即時かつ持続的な」人道的休戦と戦闘行為の停止を求める総会決議が採択された。

賛成一二一、反対一四、棄権四四であったが、EU加盟国を見ると、フランス、スペイン、ベルギー、アイルランド、ルクセンブルク、マルタ、ポルトガル、スロベニアは賛成した一方で、オーストリア、ハンガリー、ブルガリア、クロアチア、チェコは反対した。そのほか、ドイツなどは棄権した。

また十二月十二日にもガザ地区の状況に深刻な懸念を表明した上で、人道目的の即時停戦を求め、すべての人質の解放や人道支援の確保などを求める決議が採択された。

賛成一五三、反対一〇、棄権二三で、日本は十月二十七日には棄権していたが、賛成に回った。EU加盟国では、オーストリアとチェコが反対、ドイツ、ハンガリー、イタリア、リトアニア、オランダ、スロバキアは棄権のままだった。

イスラエルの外交力は強い。イスラエル政府への不支持イコール反ユダヤ主義だとなると、ドイツやオーストリアなどナチスやポグロムの過去を持つ国々は、イスラエル政府支持を打ち出す以外にはなくなる。

反イスラエルと反ユダヤ主義を結びつける戦術で、ＥＵは分断された。


フランスは第二次大戦の時、ドイツと同様ユダヤ人移送を行い、ホロコーストの一端を担ったが、一方で、東から逃げてきたユダヤ人を大量に受け入れ、レジスタンスの戦いの中でユダヤ人を救う活動も盛んに行った。であるから、過去の重みから親イスラエルにならなければならないという重圧はない。

フランスの姿勢を振返ってみると、イスラエル建国の当初、同国の核武装にも協力し、スエズ危機でも共同戦線を張った。イスラエルをアラブ民族主義との戦いのパートナーと見ていた。一九五八年にド・ゴールが大統領になってもその姿勢は変わらなかった。

しかし、一九六七年の六日間戦争で、イスラエルが一九四七年の国連決議を破ってヨルダン川西岸やガザを占領したことによって、大きく転換した。ド・ゴールはイスラエルによるパレスチナ領土の軍事占領の終結を求める国連安全保障理事会決議二四二号を支持し、イスラエルに対する武器禁輸を布告した。

ジスカール＝デスタン大統領はパレスチナ解放機構（ＰＬＯ）を主要対話者として認め、パレスチナ国家の創設を求める欧州共同体のヴェネツィア宣言に署名した。

ミッテラン大統領はフランス大統領として建国後初めてイスラエルを訪問し、そこで「自分たちの運命を決めるのは、自分たち自身である」として、パレスチナ人が他者の権利を尊重し、国際法を尊重し、暴力を対話に変えるならば、パレスチナ人が自分の運命を決めるべきであるとパレスチナ国家建設支持をイスラエル国会で演説した。また、当時イスラエル当局によってテロ組織とみなされていたPLOをパレスチナの代表として認め、アラファト議長をフランスに迎えた。そして、オスロ宣言およびホワイトハウスでの和平協定を支持した。

シラク大統領は、一九九六年十月、東エルサレムでパレスチナ人が近づいたり話しかけたりすることをイスラエルの治安当局が阻止するのに憤慨して、英語で「What do you want? Me to go back to my plane and go back to France?（「何が欲しいのか？　飛行機に戻ってフランスに帰らせたいのか？」）」と怒鳴りつけた。その後、ヨルダン川西岸のパレスチナ自治政府のあるラマラを訪れ「平和の演説」をし、「歴史の犠牲者であるパレスチナ人は土地を持たない民族となった。あなた方は試練や脱出を経験したが、それでも耐え続けた。原則をしっかりと守ろう！　あなたに話しているのは友人です。オリーブの枝を掲げ続けよう」とパレスチナ国家を支持した。そしてパレスチナ国家の存在はイスラエルの持続的安全保障にとっても不可欠であるとした。

パレスチナはシラクの支持を高く評価し、街では「ドクター・シラク」と民衆が叫び、二〇一二年にはラマラで「ジャック・シラク通り」が命名された。

トランプの暴挙

二〇一八年一月、アメリカのトランプ大統領が、テルアビブにある駐イスラエル・アメリカ大使館をエルサレムに移すと発表した。

これは、単なる大使館の移転ではない。

エルサレムは、パレスチナ人地区とユダヤ人地区に分かれており、一九四七年の国連決議（一八一号（Ⅱ））で、エルサレムは、イスラエルにもパレスチナにも属さない永久信託統治の特別地区とするとされた。さらに、四八年十一月十一日には、パレスチナ難民の帰還や補償について定めた決議一九四号（Ⅲ）が出された。オスロ合意も含めて今日に至る交渉はすべてこれを基礎としている。四九年にイスラエルが国連に加盟する際、この一八一号（Ⅱ）と一九四号（Ⅲ）を履行すると約束した。

一九八〇年にイスラエルが先の約束を破って、一方的にエルサレムを首都とする基本方法を発表したが、国連総会と国際連合安全保障理事会決議で否定されている。

この国連安保理決議に、アメリカは拒否権を行使しなかった。

このような事情があって、各国の大使館はエルサレム以外の都市に大使館を置いていたのである。

オスロ合意では暫定自治開始から三年以内に交渉を開始するとされ、交渉が行われていたが、中断していた。

トランプ大統領のエルサレム首都認定の大統領令でも大統領の談話でも、一切国連については触れられていない。

それどころかエルサレム全域を首都と認定したのは、明確な違反である。

イスラエルは、独立以来一貫して国連の決定を守らない。

アメリカは、国連軽視をたしなめるどころか、積極的に後押ししている。

トランプ決定に対して、十八日には国連の安全保障理事会で、無効・撤回決議案がでたが、アメリカの拒否権で否決された。二十一日には、総会で撤回決議が一二八か国の圧倒的賛成で採択された。

トランプは、ユダヤ人が支配するアメリカの不動産界にあって非ユダヤ人であるためにコンプレックスを持っていたという。そんなことの裏返しだろうか。

また、彼を支持する福音主義者やキリスト教原理主義者の圧力もある。福音主義原理主義者は、盲目的に聖書を信じ、それを口実にするという点でイスラエルの極右シオニストと共通している。

宗教紛争ではない

『ル・モンド』のムナ・ナイム記者は、第二次インティファーダの時、次のように述べた。

イスラエルとパレスチナ人の間の紛争は宗教紛争ではない。これは、二つのナショナリズムを和解させ、二つの民族を相互承認に基づいて共存させることを目的としたプロセスにおいて、最も深刻で、最も痛みを伴い、最も致命的な失敗である（2000.10.14）。


その通りだと思う。

イスラエルの建国は、一九四七年十一月二十九日のパレスチナ分割決議に基づいている。

オスロ合意は、このパレスチナとイスラエルが共存するという国連決議を、さまざまな紆余曲折を経て、四六年後にようやく双方が受け入れたともいえる。

イスラエル建国から四五年にして、お互いに耐え難きを耐え、忍び難きを忍び、過去は問わず、共存しようと決めたのである。

オスロ合意は、クリントン大統領のもとでホワイトハウスでのパレスチナ暫定自治協定となる。アメリカさえも支持するようになったわけである。

たしかに、難民の帰還など難問が山積している。だが、原則が大きく変わった。今までと違ってみんなが同じ方向を向いている。だから、困難を乗り越えて、平和な二十一世紀が迎えられる。あの時そう思った人も少なくはなかった。

しかし、イスラエルには極右シオニストのようにパレスチナ人が自分の国を持つことを否定し、パレスチナ人を追い出さなければ気がすまない連中がいる。一方、パレスチナ側にもハマスやイスラム聖戦（パレスチナ・イスラミック・ジハード）などのようにイスラエルの地からユダヤ人を追い出さなければ気がすまない連中がいる。彼らはようやく到達した新しい原則そのものを破壊したいのだ。

今ガザで起きている戦争は、イスラム教徒とユダヤ教徒との戦いではなく、ジハード主義者と極右シオニストの過激派同士の戦いである。

パレスチナ問題というと、宗教、歴史、政治、地政学など様々な要素から語られ、極めて複雑なように見える。しかし、お互いを尊重して生きていくと決意した三〇年前のオスロ合意以来、とても簡単な問題になった。

イスラエルの中での、パレスチナの中での、「共存でいい」という勢力と、共存否定勢力の力関係である。国際社会が、イスラエルとパレスチナの二国共存を認め、双方の「共存でいい」という勢力の連帯を促進し、平和を育てていくのかどうか、という問題である。

ユダヤ人とパレスチナ人の確執は運命ではないのであって、人々の知恵で解決できるのである。

第5章

古い世界、新しい世界

もう一つの現代の課題、農業・環境

ロシアによるウクライナ侵攻の二周年にあたる二〇二四の二月二十四日の『ル・パリジャン』一面のテーマは、二年前と同じく農業展だった。だが、二年前の新型コロナ禍の後の再開の喜びとはずいぶん様変わりしていた。

写真は牛の顔ではなく、運転席の横にフランスの国旗を掲げて並木道を走るトラクター群だった。背後には、パリの中心部にあるナポレオンの墓があることでも有名なアンバリッドのドーム屋根である。見出しは、「圧力のもとでの見本市」。

日本では、ドイツの農民運動が大きく報道されているが、フランスでも、昨年の十一月中旬から、過半数の支持を集めるFNSEA（農民組合全国同盟）とその連携組織JA（青年農民）が主導して、道路の町や村の入り口の町名村名標識を逆さまにする運動が起きていた。標識は、規格のもとに農民を踏みつけにする政府の象徴である。

ドイツでは、一月十五日にベルリンのブランデンブルグ門に六〇〇〇台のトラクターが集結した。同じ頃、フランスでも第三勢力のCR（田舎共闘、右翼系）と左翼系のCP（百姓同盟）など、他の農業団体も加わって、トラクターや乾草束で道路や車線を封鎖したり、延々とトラクターが並び低速で高速道路を走る「かたつむり運動」が始まっていた。県庁前で枯草や古タイヤを燃やしたり、汚泥をぶちまけたりもした。

ドイツの運動は昨年末の農業用のディーゼル燃料減税打ち切りが発端となった。フランスでも、農業用燃料の増税の中止、収入増などを要求している。

フランスの農業収入はこの三〇年間で四割減少した。しかも、燃料の高騰のほか、コロナ禍、肥料価格の高騰、霜、旱魃と多くのショックを受けている。フランスでは、穀物や甜菜の大農家と、畜産や野菜果物の中小農家に二分されているが、とくに後者は厳しく、いまや四分の一を超える農家が、月の世帯収入一一〇〇ユーロ以下の貧困層となっている。しかも週平均労働時間は一般労働者よりもはるかに多い五五時間である。

とはいえ、ウクライナやパレスチナでは悲惨な戦争が続いている。アフリカでは、異常気象とウクライナ戦争で穀物輸入がストップして、飢餓に襲われている。

贅沢だと思われるかもしれない。

しかし、この農民運動は、単なる収入の問題を越えて、現代の世界が直面している問題を物語っている。そこで、改めてとりあげてみたい。

まず、環境問題である。

二十世紀の末から持続的開発が全世界的な緊急のテーマとなった。ＥＵの欧州共通農業政策では二〇〇三年にいままでの生産第一から大きな方向転換を行い、環境、食品の安全、衛生、動物の待遇、土壌の維持などを補助金受給の条件とした。農家は、環境保全と持続的開発の担い手として期待されていた。だが、それがもたらしたのは、労働強化との規則と手続き・書類の急増であった。
さらに、EUが二〇二一年七月に出した、二〇五〇年までに温室効果ガスの排出をゼロにするという「グリーン・ディール」が追い打ちをかけた。

たとえば、オランダでは、二〇二二年六月、マルク・ルッテ内閣は、一六三の危機に瀕している自然地域周辺で乳牛を含む牛群の三〇％以上の削減を発表した。そのため、一万から一万五〇〇〇の農場が消滅するとして、大規模な農民運動が起きた。原因は、牛のゲップである。牛のゲップからは地球温暖化の原因となるメタンが出るのだ（別の問題もあり内閣総辞職、現在この計画は凍結）。

この他一〇ヘクタール以上の農場では、土地の四％を休耕地として自然に還す、酪農畜産をやめても生物多様性のために不用になった牧草地を植え直さなければならない、などの規定がつくられた。休耕は収入減となるし、家畜が食べるわけでもない牧草は農家にとってはただ費用がかさむだけである。

たしかに、ヨーロッパでも猛暑、暖冬、旱魃、集中豪雨と異常気象が目立つようになってきた。だが、新たに森林を伐採するわけでもなく、土壌の透水性、保水性を確保している農業に対して、このようなことまで求めるのは行き過ぎではないだろうか。

昨年九月、スペインのコルドバでEUの農相会議が開催された時に農民デモがあったが、その時のスローガンは、「生産コストの高騰」、「欧州委員会の維持不可能な環境要件」に加えて、「第三国からの輸入品との不公平な競争」への抗議であった。

EUは、ニュージーランドや南米南部共同市場（Mercosur）との自由貿易協定の協議を進めている。これらの国では、農薬や化学肥料、環境対策についてEUほどの厳しい規制が行われていない。ところが、交渉では、相手方にEUと同じ義務を課すことをしていない。すでに、これらの国々からの産品の輸入は行われているが、法律で決まっていても農薬などの検査はきちんと行われていない。「グリーン・ディール」によってEUの農業生産は一五％減少すると見られているが、その分はEU外からの輸入となる。

「グリーン・ディール」は、エコロジーだけではなく、もともとすべての自動車を電気自動車に買い替えるなど、巨大市場を作り出して新しい経済の拡大をしようとする、経済的動機も大きい。それを推進しているのは、経済第一主義新自由主義の勢力である。彼らにとってはこの輸入は当たり前のことなのである。

そもそも近代社会は農業を軽視し続けてきた。

今家計における食品の割合が下がっている。かつてはこれが低いほど先進国だといわれていた。別の見方をすると、他の産業を一段上のものだと見ていた証拠だといえる。

英語で「industry」には、産業と工業の二つの意味がある。産業革命以来産業といえば工業となった。現在ではその次の時代でサービス業が大きく発達しているが、あいかわらず発想法は変わっていない。

思えば、農業は古来人類にとってあまりにも当たり前の産業であった。食料はすでにあるものという前提で経済が成長した。「生鮮食品を除く」物価指数をもとに政府や中央銀行は政策を決めている。

自由貿易協定でも片一方では自動車産業など工業やサービスが伸びる。農業がその犠牲になっても仕方ないというわけだ。

農業と工業は違う。工業では努力によってメタン発生を減らせる。だが、牛の飼育をやめて合成肉や豆乳に代えようとしても寒冷地では大豆は育たない。

今農民運動によって問われているのは、現代社会における農業とは何か？　現代社会において農業が成立するのか？　ということである。

この農業に対する問いもはまた、もっと広く新しい社会のあり方についての問いかけなのである。

グローバル・サウスと「第三世界」

ウクライナ侵攻から一週間、二〇二二年三月二日に国連総会でロシアを非難し、軍の即時撤退などを求める決議案が出された。

結果は、一四一か国が賛成し、反対はロシア、ベラルーシ、北朝鮮、エリトリア、シリア、棄権三五か国、投票不参加一二か国だった。

反対したのは、もともとロシア寄りの独裁政権の国々だけだが、棄権の中にはインド、中国、南アメリカ、モロッコ、アルジェリアも入っている。

とくに目立ったのがアフリカの投票だ。エリトリアが反対し、一七か国が棄権、九か国が不参加であった。合計二六か国、アフリカの加盟国は五四であるから、ほぼ半分にあたる。

十月十二日にもロシアによるウクライナ四州併合無効の国連決議があったが、その時も棄権一九か国、不参加五か国であった。

その内訳は次の通り。( )は三月の決議からの態度の変化。

棄権　アルジェリア、ブルンジ、中央アフリカ、コンゴ共和国、エリトリア(反対から棄権へ)、エスワティニ(不参加から棄権へ)、エチオピア(不参加から棄権へ)、ギニア(不参加から棄権へ)、レソト(賛成から棄権へ)、マリ、モザンビーク、ナミビア、南アフリカ、南スーダン、スーダン、トーゴ(不参加から棄権へ)、ウガンダ、タンザニア、ジンバブエ

不参加　ブルキナファソ、カメルーン、ジブチ(賛成から不参加へ)、赤道ギニア、サントメプリンシペ(賛成から不参加へ)

ギニアビサウ、モロッコ、トーゴ、アンゴラ、マダガスカル、セネガルの五か国は、三月の

棄権、不参加から賛成に変わった。

三月二日の国連総会の投票の五日後、ロシア政府が、ロシアへの制裁措置を行う四八の「非友好的な国と地域」のリストを公表した。アメリカ、カナダ、EU全加盟国、イギリス、ウクライナ、モンテネグロ、スイス、アルバニア、アンドラ、アイスランド、リヒテンシュタイン、モナコ、ノルウェー、サンマリノ、北マケドニア、日本、韓国、オーストラリア、ミクロネシア、ニュージーランド、シンガポール、台湾。

国連のロシア非難決議案には一四一か国が賛成したといっても、実際にウクライナを全面支持しているのはこれらだけだと見るべきであろう。

このほかの国々、つまり、欧米のイニシアチブに反対している国々が最近よくいわれるようになった「グローバル・サウス」だと見て良いであろう。

先に第三章で新植民地主義について述べた。かつて植民地解放の独立運動家の間で「アフリカ人によるアフリカ」という汎アフリカ主義（パンアフリカニズム）があった。文化的・社会的・経済的に真にアフリカが自立するというものである。今また、新汎アフリカ主義がいわれている。戦後の独立で積み残したもの、すなわち新植民地主義を清算する第二次解放の時が来ている。

この状況を見て「フランスとの関係を打ち破って他のパートナーを見つけなければならない」とうまく利用してグローバル・サウスにすりよっているのがロシアである。

二〇二三年のロシアの『外交政策概念』は、もっともらしく理論化する。

人類は現在、革命的な変化の時代を進んでいる。より公平で多極的な世界秩序の形成が進行中である。何世紀にもわたって、アジア、アフリカ、および西洋の従属領土と国の資源を自分たちのものにすることによって植民地宗主国の加速した経済成長を保証してきた世界開発の不均衡なモデルは、もはや過去のものである。非西側諸国と地域のリーダーの国の主権は強化され、それらの競争の能力は向上している。

嘆かわしいのは、こういうロシアの言葉を真に受けてグローバル・サウスを民族解放の戦い、真の人権と民主主義への戦いだと考える日本や欧米の知識人だ。『外交政策概念』を読むと、結局のところ、多極的な世界秩序の形成とはロシアがリーダーになることだということがよくわかる。

この誤りの一つの理由は「第三世界」との混同である。

第二次大戦後の植民地の独立を背景に、「第三世界」といわれた、アメリカにもソ連にもつかない非同盟の国々が形成された。デビ夫人が嫁いだインドネシアのスカルノ大統領も主導した一人で、アジア・アフリカ会議、非同盟諸国首脳会議などを開催した。

アメリカとソ連のはざまにあってそれらに抵抗し、冷戦構造とは別の列強支配からの脱却、それぞれの国、それぞれの民族が平等に連帯する世界をめざすものであった。

そのほとんどは、強い指導者に率いられていた。独裁者であった人も少なくない。これに対して、アメリカなど西側諸国は、独裁的な性格を改めて民主化できるように努力するのではなく、形だけ民主主義にして自分たちに都合のいい指導者に変えた。真に植民地が独立して自立してしまうことは、旧宗主国やアメリカの利益に反するのである。

また、たとえば、ベトナムでは、ホー・チ・ミンは共産党員ではあったが共産主義になることは望んでいなかった。へたに共産化すると隣の大国中国で毛沢東が勝った場合、従属関係になってしまうという心配もあったからだ。旧宗主国のフランスでもそれを理解してベトナムの独立をスムーズにさせようという人々もいた。しかし、政府はそんな現地の機微はわからず、杓子定規に対立した。こうしてインドシナ戦争が始まり、北ベトナムはソ連に近づかざるを得なくなった。このような例は案外多い。

こうして、第三世界は共産圏に入るか、親米政権ができるかの二者択一になってしまった。

現在のグローバル・サウスはこの第三世界とは異なる。「南」の国々（人々）のイニシアチブによって動かされているのではなく、ロシアや中国、インドといった経済的に「先進国」になった国々が自らの国益のために新植民地主義と同じやり方で操って、欧米と対抗するためのものである。さらにいうなら、権威主義という言葉で言い換えられている独裁者たちの自分の利益のためである。

ロシアも中国もインドも核兵器を持っているのは象徴的である。非暴力主義や世界のヒューマニズムなどの価値観を促進するためのものではない。

ＢＲＩＣＳ――グローバル・サウスの「Ｇ7」

二〇二三年三月の国連総会のロシア非難決議で棄権したインド、中国、南アフリカにロシア、ブラジルを加えるとＢＲＩＣＳである。

二〇〇九年からブラジル、ロシア、インド、チャイナの頭文字をとってＢＲＩＣとして毎年首脳会談が行われ、二〇一一年には南アフリカが加入して、ＢＲＩＣＳとなった。

ウクライナ侵攻の四か月後、六月十九日にインドのニューデリーでＢＲＩＣＳ首脳会議が行われた。リモートではあったが、紛争の開始以来、国際サミットでのプーチン大統領の最初の公の登場であった。

昨年、広島でＧ7サミットが行われ、ゼレンスキー大統領が駆けつけて話題になった。

この会合は一九七五年にフランスのジスカール＝デスタン大統領の提案で始まった。いまでこそ「サミット」と呼ばれるが、むしろ当時は主要国首脳会議とか先進国首脳会議とか呼ばれていた。世界は、「先進国」と「後進国」に分かれ、「先進国」は「主要国」だったのだ。

第二回目からカナダが加わったが、初回の六か国は戦前の植民地時代の宗主国でもある。一種の新植民地主義の会議であるという批判にも一理ある。

石油ショックによる不況、戦後復興にひきつづく成長期が終わり、低成長の時代に入った。ベトナム戦争はアメリカの敗北で終わった。冷戦構造の中で対立する東側では、西への敵対姿勢もあらわな権威主義のブレジネフ指導下のソ連は巨大石油・ガス産出国であり、中国もその翌年に毛沢東が死去して、鄧小平の市場経済への開放が行われた。

世界の変化に対して「先進国」がずっと「主要国」であり続けるための会議であったといえる。冷戦構造の中でいえば、西側の価値観を防衛するためのものでもあった。

ちなみに、今となっては想像もできないが、一九九七年から一六年間はロシアも加わってG8といわれた。

ロシアはエリツィンからプーチンに代わってそのまま「西側」に引き込まれるのではなく、BRICSに移った。

世界はこれらの国々によって「指導」されていた。

西側諸国は、あまりにも長い間、他人の行動について意見を述べるという悪い習慣を持ってきました。彼らは、ある種の神聖な権利を持っていると考えています。彼らは、長期的には、彼らが続ければ、他の人がコメントし、彼らはそれを気に入らないことを理解する必要があります。

インドのスブラマニヤム・ジャイシャンカル外相は昨年（二〇二三年）四月二日のバンガロールでの若者との対話集会で、こう語った。

ソ連、東欧の共産圏の崩壊後、経済のグローバリゼーションで発展途上国で安く生産することで、企業の利益は支えられた。そのおかげで、本国において給料を安く抑えても人々は生活できるという利点もあった。中国などは一大消費地にもなった。原材料の生産地としてだけではなく、「先進国」にはなくてはならない存在となった。

発展途上国の中でも、ＢＲＩＣＳは飛躍的に経済発展を遂げた。

同じ大きく発展した国々でも中東はまだ専制君主制である。しかも、カタールのサッカー・ワールドカップの施設建設でもあからさまになったように、他の発展途上国の国民を奴隷同然に扱っている。

少なくとも体裁の上では近代国家であり、Ｇ７と同じ土俵に上がっているのが、ＢＲＩＣＳだといえる。

いわば、ＢＲＩＣＳはグローバル・サウスのＧ７である。

したたかなインド

ウクライナの戦争で、したたかさを見せたのはインドであった。ロシアに課せられた経済制裁をうまく利用した。侵攻後の、二〇二二年四月と五月だけでも、インドとロシアの貿易は昨年同期比四倍となった。制裁回避のためインド経由で細かい日用品までロシアに送られた。

しかし、何といっても大きいのは、ロシアの石油を安く買いたたいたことである。そしてそれを、高騰した市場価格で外国に売りつける。ウクライナ侵攻前は、ロシアの石油輸出のうちインド向けはわずか一%にすぎなかったのが、五月には一八%となり、一番の上客となった。その一年後、二〇二三年五月には、二一五万バレルでピークに達し、消費量の四〇%以上を占めた。ただし、原油の購入をめぐるインドと中国の間の競争の激化のため価格が上がり、市場価格に近づいたため、その後は急激に減少してはいるが。

世界最大級のジャムナガル精油所につながるシッカ港は世界一のロシア産原油輸入港であり、欧米やオーストラリアへの石油製品の輸出港にもなっている。

アメリカはインドに対し、「歴史の良い側」を選ぶよう求めた。だが、インドのジャイシャンカル外務大臣は、「インドの外交政策の決定は国益のためにとられており、私たちは自分たちの考え、意見、利益によって導かれている。したがって、ウクライナの状況を貿易の問題に結びつけることは問題外である」と、一蹴した（『レゼコー』2022.6.28）。

政治的にも、インドは、日本、アメリカ、オーストラリア、インドでQUADを形成する一方で、BRICSや上海機構のメンバーでもある。本来、中国と対立関係にあるのだが、ウクライナ侵攻後も中国などと一緒にロシアとの合同演習もしている。

インドは多国間協調主義（プルーリラテラリズム）を提唱している。溜和敏博士によれば、「地域やグローバルな枠組みではなく、関心や利害の一致する三か国以上で形成される枠組みを重視する方針として整理できよう」（「インド外交の「プルーリラテラリズム」」）。

しかし、考えてみれば戦前の日独伊三国同盟も関心や利害の一致する三か国以上で形成される枠組みであった。どう違うのだろうか。

日独伊三国は政治体制も社会体制も思想も似たようなものであった。

インドの多国間協調主義（プルーリラテラリズム）はもっと柔軟で、プラグマチック、ビジネスの発想である。

国際規模で複数の権力の中枢が存在することで、自国の利益を最大化したり、ある国を別の国と競争させたりすることさえも可能にする策略の余地が与えられる。

中国の「一帯一路」構想に対抗してアメリカや日本は「開かれたインド太平洋」を提唱、インドを引き入れアメリカや日本のイニシアチブのもとに置こうとしている。しかし実際は、インドが、アメリカや日本を翻弄している。

各国がさまざまな関係を持てば、世界はそれらの網の目が重なり、このような複雑な構造になれば、簡単に割ることはできなくなり、かえって世界は安定する、というが、つまるところインドがテーマや時代に応じてさまざまな国と提携することで国益を最大化するというものである。世界の連帯とかいうことではない。だが、世界全体が発展し、世界の人々の生活が良くなり、底上げされることによって自分たちも良くなることで国益を得ようということではない。あくまでも自己本位の非常に強い一国主義なのである。

世界はインドに幻想を持っている。ガンジーの非暴力主義、ネルーの非同盟。また六八年頃からの西洋文明の見直しの中でのインドへのあこがれ。優秀なＩＴ技術者。世界最大の人口の民主主義……。

現在のナレンドラ・モディ首相は、もともとヒンドゥー至上主義で極右ネオファシストの運動家である。

フランスでも極右の運動家は多くが新自由主義の先鋒となった。新自由主義的な発想は現代の極右にはよくあることである。

二〇一四年に政権を握って以来、モディ首相は知識人、活動家、学者、ジャーナリストなどあらゆる立場の反対者を無力化してきた。政府の方針に従わないジャーナリストは「内部の敵」とみなされ、反扇動法で脅され、終身刑に処される可能性がある。

インドは現在、国境なき記者団の世界報道自由度ランキングで、一八〇か国中一六一位にランクされている。トルコ、リビア、ジンバブエよりも下である。

モディ首相は今年で就任一〇年になる。今年の下院選挙では三期目を狙う。当選すればまた後五年である。ちなみに日本の最長は安倍晋三で、第一期第二期合わせても九年に届かない。今のインドは中国やロシアと変わらない権威主義の国なのである。

アメリカとロシアは同じ立場

二〇二三年十月二十七日、国連でイスラエル・ハマス戦争におけるイスラエルの行動を非難し、「即時かつ持続的な」人道的休戦と戦闘行為の停止を求める総会決議が採択された。

結果は、一二一か国が賛成し、反対一四か国、棄権四四か国、投票不参加一四か国だった。反対したのは、先に述べたEUの五か国を除くと、イスラエル、アメリカ、グアテマラ、パラグアイ、フィジー、マーシャル群島、ミクロネシア、パプアニューギニア、トンガである。

アメリカもロシアも同じ立場になった。

第一次、第二次の二つの大戦の反省から国際連合ができた。

たしかに、国際連合は第二次大戦の戦勝国がつくったものだ。第二次大戦は、独裁全体主義のドイツ・イタリア・日本に対して、人権、自由、民主主義を守る連合国の戦いだとされていた。そして、連合国が勝ったのである。

しかし、起源は戦勝の産物だったとしても、連合国はこのような理想を持っていたのだからそれを実現するために改善するという選択もあったはずである。だが、その後、冷戦になり国連にも亀裂が走って対立し、機能不全に陥った。

自由と人権を弾圧するソ連に対してアメリカは自由の旗手だとされていた。だがアメリカも同じであった。はげしい人種差別、そして赤狩り。たとえば、喜劇王のチャップリンが共産主義者だといわれてスイスに移住せざるを得なくなった。

ソ連が崩壊した後も、アメリカは、自分たちが勝利したのだと錯覚し、新自由主義やアメリカの基準を世界に押し付けようとした。国連はその道具でしかなかった。たとえば冷戦終了後も、イラクが大量破壊兵器をつくっているという嘘を平気でついた。

このアメリカは、現在、西側民主主義諸国が持つ「二重基準」の象徴でもある。

「西側」がロシアの侵攻に対してウクライナを支持したのは、戦後築いた国際秩序に反するからだ。しかし、パレスチナについては、戦後、何度も国連決議が出されたが、イスラエルはことごとく無視した。それでもイスラエルを支持し続けている。

たしかに、ウクライナでの戦争については、ウクライナを多大に支援し、難民に門戸を開放している。しかし、前から戦争は世界各地で日常茶飯事に起きているのである。経済危機もある。ウクライナの戦争でさらにひどくなった。食糧危機もある。ウクライナからの穀物輸送にしても、アフリカへの直送は極めて少ない。

少しでもいい生活を求めようとする移民・出稼ぎ希望者は受け入れない。別に移民したくてするわけではない。もし自分の国で満足に生活できれば、わざわざ外国になどいかない。日本を見ればわかる。日本も明治時代からまさにそうであった。戦後、高度成長の日本でようやく生きていけるようになったから移民が終わったにすぎない。最後のブラジル移民船にっぽん丸が出たのは、一九七三年のことである。

一方で、数知れぬ犠牲者を出している悪徳移民ブローカーを本気で撲滅しようとはしない。援助しても地元の腐った連中の私腹を肥やすだけになっている。

NATO（北大西洋条約機構）

ある意味、NATOも国連軽視のあらわれである。

第二次大戦の最後、ドイツ領内を東から進軍してきたソ連軍と西から来たアメリカ軍がベルリンで出会った。そこで、ウイスキーとウオッカを飲み交わして大宴会となればいいのだが、そうはならなかった。

ベルリンの街では、お互いの占領地域を確保して勢力地域として競うようになった。首都だけでなく、ドイツ全体が二つに引き裂かれた。さらに、ソ連はベルリンまでの道のりの各国に共産党政権の国家を樹立して、ソ連という太陽を囲む衛星国をつくった。

アメリカはソ連を封じ込める一方、「マーシャル・プラン」で西ヨーロッパの復興を進めた。その流れの中で、終戦から四年後に北大西洋条約が調印され、NATOが生まれた。

ソ連はスターリンの独裁体制である。

アメリカとソ連の対立は冷たい戦争といわれた。とはいえ、境界線では熱い戦争も起きていた。

朝鮮においては第二次大戦終戦後、北のソ連占領地と南のアメリカ占領地が別々に独立した。一九五〇年六月二十五日に北朝鮮の侵攻が始まった。できたばかりの中華人民共和国の義勇兵も参加し、韓国側には国連軍ということでアメリカ軍も参戦した。三年で戦争は休戦になる。

ベトナムでは宗主国フランスが独立を宣言したホー・チ・ミン政権を認めず、戦争になった。一九五四年、フランスがディエンビエンフーの戦いで敗れた。一年後休戦がなったが、代わりに南半分にアメリカが支援したベトナム共和国が成立し、ベトナム戦争となる。

一九五五年五月十四日、NATOに対抗するソ連を中心にした友好協力相互援助条約が結ばれた。

調印が行われた地ポーランドのワルシャワにちなんでワルシャワ条約機構といわれるようになった。

スターリンは一九五三年に死去していた。スターリンという個性がなくなってしまった今、その代わりに制度として手綱を締めたともいえる。

一九五六年にはソ連のニキータ・フルシチョフ第一書記がスターリン批判を行う。「雪融け」といわれたが、共産圏の基本が変わったわけではない。一方で、ハンガリーでの民主化運動に対しては軍隊を送って弾圧し、東西ベルリンの境目には壁を建設した。

ちなみに、いま旧統一教会と自民党の癒着が問題になっているが、その大きな契機となったのは、東西冷戦中に岸信介元首相や日本の右翼の大物も関与してつくられた反共産主義組織の勝共連合である。日本だけではなく、ニクソン大統領のアメリカにも政財界に深く食い込んでいた。

一九七五年からソ連のブレジネフ書記長が、東欧に核ミサイルSS20の配備を始めた。対抗してアメリカもNATOの加盟国にミサイルを配備した。ミサイルはパーシングと呼ばれた。第一次大戦の時にアメリカから欧州に派遣された軍隊の総司令官の名である。

私がフランスに来たのは、一九七六年のことだが、連日そのニュースがあり、じわじわとソ連の脅威が肌で感じられるようになった。

ブレジネフ書記長は、一九八二年十一月に急死し、短期政権が続いた後一九八五年三月にミハイル・ゴルバチョフが就任し「ペレストロイカ（自由化開放政策）」を進めた。

一九八九年十一月十日ベルリンの壁崩壊。十二月三日ブッシュ（父）アメリカ大統領とゴルバチョフ書記長がマルタ島で会談し、冷戦の終結を宣言した。

東欧諸国の非共産化の影響は、ソ連内部にも及び、一九九〇年にはまずエストニア、リトアニア、ラトビアのバルト三国が独立を宣言した。

翌年の七月、エリツィンがロシア共和国大統領に就任した。まだゴルバチョフのもとソビエト連邦は残っており、ロシアは二重体制になった。ところが、ゴルバチョフの改革を認めない守旧派が八月、クーデターを起こした。ゴルバチョフはクリミア半島の別荘で軟禁された。エリツィンは、首都モスクワで反乱勢力に抵抗しクーデターを鎮圧した。

新たに独立したベラルーシ、ウクライナとロシアの大統領が十二月七日からベラルーシの首都ミンスクで会談を行い、八日、独立国家共同体（ＣＩＳ）を創設する協定に署名した。モスクワに戻ったエリツィン大統領は、翌九日、クレムリン宮殿でゴルバチョフに会議の結果を伝え、引導を渡した。

ワルシャワ条約機構は一九九一年七月一日に解散した。

しかし、ＮＡＴＯは残った。

東西冷戦という存在理由はなくなった今、どのような理由で存続させるのか。そこで考え出されたのが、「グローバルＮＡＴＯ」というヴィジョンである。

アメリカは朝鮮戦争の時には、国連軍ということで介入した。

しかし、イラク戦争においても、その前の湾岸戦争でも国連軍ではなく、多国籍軍で対処した。

ＮＡＴＯはアメリカの影響下にある多国籍軍である。「グローバルＮＡＴＯ」は、国連軍に代わる、アメリカの影響下にある常駐の多国籍軍となる。

クレムリンの最悪の悪夢

二〇二二年四月二十四日のフランスの大統領選挙決選投票は、予想通りマクロン対ルペンとなった。

午後八時、テレビの画面には、マクロンとルペンの顔写真が並んでいた。音楽が高まった。カウントダウンが0になったと同時に、マクロンの顔だけが画面いっぱいに拡大された。

感動してしまった。

別に、マクロン支持だというわけではない。

ウクライナのことが心によぎったからだ。

当確画面がでた後、各陣営の模様、候補者らの演説、街の声、そして円卓の政治家の討論とお決まりの選挙特番が続く。討論は白熱して、時には相手の言葉を遮り、怒鳴り合いに近いものになる。

だがそこには一滴の血も流れない。

力づくではなく、投票によって支配者が変わる。

人間は不確実なことが怖い。長期政権は、「今」が続くことだから、楽である。このままでいたいと思う。だが、その「今」がいいものであり続けるかどうかは、支配者個人の資質に頼ることになる。世の中名君ばかりではない。権力の座に就きつづけることで堕落腐敗も起こりうる。権力を失うことの恐怖で人間が変わってしまうこともある。

選挙で政権を変えられるといってもとんでもない者を選んでしまうこともある。しかし、任期が守られれば、新しくやり直すことができる。

プーチン大統領は毎年四月に国会両院議員の前で年次教書演説を行う。ベスラン事件の翌年、二〇〇五年の演説で次のように述べた。「我々の主要な政治的およびイデオロギー的任務は、自由で民主主義的な国家としてのロシアの発展であると考える」、「我々は、自分たちの価値を守り、得たものを失わず、我々独自の民主主義への道を見つけなければならない」。

ロシアの民主化を進めるかのように聞こえる。だが、プーチンのいう「民主主義的な国家」とはあくまでも「指導民主主義」なのである。

前出のキーウ視覚文化研究センターのシェレパニン所長はいう。

ロシアの体制の性格を理解しなければなりません。その問題点は政権交代のメカニズムがないことです。それ故にクレムリンは、あらゆる社会的運動や革命を恐れるのです。ウクライナは成功した民主革命を表現しています。過去二〇年間で、二つの革命がありました。二〇〇四年のオレンジ革命と二〇一四年のマイダン革命です。後者はアラブの春のように機能しました。ウクライナ人は血に汚れた独裁体制を排除するのに成功しました。これが基本的に、ロシアによるウクライナの領土の占領とクリミアの併合が八年前に行われた理由です。

この革命はクレムリンの最悪の悪夢です。なぜならロシアでこのようなことが起きたら、権力者はすべてを失ってしまうかもしれないからです。彼らは、そのような革命がロシアで起こらないようにするために何でもする用意があります。実際、ウクライナはモスクワの体制の民主的な代替案を表しているため、彼らはウクライナを国家として完全に抹殺しようと決めました。それは基本的に彼らの生存戦略であり、彼らは永遠に支配しつづけようとしています（『レゼコー　週末版』2022.3.11）。

発展途上の民主主義

「私たちは、自由主義デモクラシーと狂気の独裁政治の対立から抜け出さなければならない」。日本で人気のあるフランスの論客エマニュエル・トッドは『ル・フィガロ』（24.11.12）での対談でこう述べる。

自由主義デモクラシーは、「自由主義寡頭制でエリートは国民と無縁で、マスコミ以外の誰もマティニョン（フランス政府がある場所）での改造を気にしていない」。「寡頭制」と訳した原語は「oligarchie」で「オリガルヒ」と同じ語源である。たしかに、現在、フランスにおいて政権を担っているのはエリートであり、一種の「オリガルヒ」だといえる。マティニョンは首相官邸で「マティニョンの改造」は内閣改造のこと。あまり関心がないのは、しょせん「オリガルヒ」の中での交代劇にすぎないからだ。

そして、独裁政治については別の概念を使うべきだという。

この対談でトッドは、ロシアは「共同体的気質の残滓によって養われた権威主義的民主主義」だとする。

結局のところ、「民主主義」についてはフランスもロシアも大して変わらないといっている。しかしフランスでは、「マティニョン」の外で、デモもあれば、容赦のない政治批判もある。だが、ロシアではそういうものはすぐ潰される。「クレムリン」の外には何もない。

民主主義と権威主義は明らかに違う。

自由な社会では制約は一人一人が選ぶものである。秩序は結果としてできる。外から見ると同じように制約されているようだが、自分で選んだ制約であるから人は自由である。しかし権威主義のもとでは制約は外から課せられたものであるから自由ではない。

民主主義について論じる時に犯しやすいまちがいは、今ある民主主義をまるで完成したものであるかのように見ることである。

トッドもまた、「今の民主主義」を見て民主主義全体を批判しようとしている。

ヒトラーは、当時世界で最も民主主義的といわれたヴァイマル憲法を破棄しなかった。プーチンは、選挙や憲法といった民主主義の形は残している。「朕は国家なり」などというような過去の専制君主とは違うのである。

逆にいえば、それだけ、民主主義というものが無視できない存在になったということだ。

だが、まだまだ発展途上である。

たとえば選挙一つとっても、選挙制度で大きく変わる。台湾で総統選挙があったが、もし仮にウクライナやフランスのような二回投票制であったら、結果は逆転していた公算が大きい。

アメリカも現在の自国の民主主義が完成されたもののように思っているようだ。だから、世界中に同じようなモデルを押し付ける。そして、形さえできていれば、いかなる腐敗政権でも許される。南米を見てもわかるし、ウクライナもオレンジ革命からマイダン革命までそうであった。日本でも汚職、「黒い霧」は日常茶飯事であった。

「権威主義的民主主義」は存在しない。権威主義は民主主義と対立する。しかし、民主主義の中に「権威主義的な段階の民主主義」は存在する。現段階での民主主義はまだ一部のエリートのものでしかない。それをこえて、さらに真の民主主義へ向けて進んでいこうというのが、第一次大戦後に生まれた理想であり、第二次大戦後のその実現への歩みであった。

まだまだ道は遠い。ウクライナへの侵攻やイスラエル・ハマス戦争はその道を逆行させるものである。

「グローバル・サウス」はアメリカやフランスなど「北」の国々に対して、きちんと一人前に扱い、尊重することの要求である。形だけではない「民主主義」の実現の要求である。それは、経済のグローバリゼーションとは違うものだ。

しかしながら、「北」は自らの非は認めない。そこにプーチンなどの権威主義が入り込むすきがあった。じつは「南」の権力者にとっては中国やロシアの権威主義の方が好ましい。こうしてグローバル・サウスの庶民は利用され犠牲になるのである。

歴史の罠、伝統の罠

プーチンも、イスラエルも同じ罠にかかっている。

歴史や伝統での正当化である。極右シオニストも経典だけではなく、パレスチナの地を掘り返せばユダヤ人の地だった痕跡が至るところから出てくるとか、ユダヤ人が追放された後の歴史だとかを持ち出す。

歴史は尊い。だが、今残っている歴史は取捨選択されたものだ。しかもその主体は、しばしば勝者である。

さらに、歴史は好きなように解釈できるし、「いいとこどり」もできる。プーチン大統領は、ウクライナとロシアは同族で、十七世紀にロシア帝国が再統合したことによって本来の姿になった、とする。

しかしそもそもの起源は、十世紀に現在のウクライナ北部にキエフ公国が成立したことである。プーチン大統領の言う「ヨーロッパ最大の国家であった古代ルーシ」はキエフ（キーウ）が中心であって、モスクワなど辺境でしかなかった。もし歴史を持ち出すなら、ウクライナがロシアを支配すべきであろう。

イスラエルの場合、さらにこれに宗教的信念が加わる。

スモトリッチの確信のもとは何か。

私は、信じる者である。私は聖なるものを信じる。祝福あれ。ユダヤ人に対する神の愛と、彼らに対する神の摂理を信じる。私は追放を予告し、救済を約束した律法（トーラー）を信じる。私は破壊を目撃した預言者の言葉を信じるが、同様に、私たちの目の前に姿を現した新しい建物も信じる。

私は、イスラエル国家は、私たちの展開する救済の始まりであり、律法の預言と預言者のヴィジョンの成就であると信じている。

私は、イスラエルの人々とイスラエルの地の間の生きたつながりを信じている。全世界に対するユダヤ人の運命と使命、そしてこの大義の実現を確実なものにするイスラエルの地の活力を信じている。イスラエルの地が、かくも多くの世代にわたって完全に無視されてきた後で、ユダヤ人の帰還をきっかけに繁栄し、開花しているのは偶然ではないと私は信じている。

私は、この土地に対する何世代にもわたる切望と、そこへの究極な帰還への自信が、イスラエル国家の樹立に導いたシオンへの回帰の前進の最も深い原動力であると信じている。(『イスラエルの決定的計画』)

伝統も尊い。だが、そこで陥りやすいのが、伝統を尊重しつつ現在から将来へいかに進んでいくかという視点を持つのではなく、伝統だけに固執して現在を無視してしまうことだ。こうすることで、未来をも誤った方向に向けてしまう。

トランプになっても

二十四日が農業展の開幕だったので、フランスの新聞では、二十三日付がウクライナの戦争二周年特集になった。

『ル・パリジャン』の一面見出しは、「ウクライナは疲労にもかかわらず頑張っている」である。

社説にあたる編集長論説のタイトルは、

「何も譲歩してはならない」

諦めてはならない。団結が揺らいではならない、あるいは、ウクライナが領土の一部をロシアに割譲してとにかく戦争を終わりにする、などと考えてはならない。それは、ウクライナのみならず、全世界にとってひどい敗北である。

ウクライナはプーチンに対する「最後の砦」である。もし破られれば、プーチンの勢いはそこでは止まらない。

『ル・フィガロ』の編集長論説も、「プーチンを前にして敗北主義は禁止」。

ウクライナを助けたのに、プーチンが勝つかもしれないという敗北主義が出てきている。

しかし、我々はウクライナを全力で支援していない。それどころかずっと少ない。「戦争経済」に入るまでにはまだ余裕がある。

ヨーロッパは、存在の選択に直面している。プーチンがEUを粉砕してしまうのか、それとも抵抗し続けていられるのか。

このほかの各紙やテレビ、ラジオの論調もほぼ同じである。

ウクライナの戦争は、いまや、EUの存亡をかけた戦争になっている。権力欲をむき出しにしてしまったプーチンが、ウクライナで止まるはずはない。

冷戦の中で、着実に新しい実験を進めていたのが、欧州だった。過去のアメリカ合衆国やソビエト連邦モデルとは違う、国と国との関係。そして、ＥＵが設立された。現在、新自由主義に傾きすぎているとか、さまざまな批判はある。だが、民主主義の次の段階への実験を続けているのは事実である。ＥＵなしのヨーロッパは考えられないところまで来た。だがプーチンの勝利はＥＵの内部崩壊を引きおこす。

プーチンの勝利は、欧州内の権威主義者を勢いづかせる。

独裁的で、ウクライナのＥＵ加盟にも、スウェーデンのＮＡＴＯ加盟にも反対し、新型コロナ禍の時には、ロシアのワクチン・スプートニクを輸入したハンガリーのオルバン首相は、つねに親プーチンであった。

それだけではなく、プーチンはずっとＥＵ内の極右民族派のアイドルであった。

ソフト路線を進め党名も国民戦線（ＦＮ）から国民連合（ＲＮ）に変えたマリーヌ・ルペンは、ウクライナ侵攻の後でも、大統領選のパンフレットからプーチンとのツーショットを外さなかった。この写真は、前回二〇一七年の大統領選の前にクレムリンを訪れた時のもので、あの時、クリミアについて、「不法な併合ではない、国民投票でクリミアの人々はロシアに戻りたいと表明した」と述べ、物議をかもしていた。

欧州各国の極右民族派にとって、プーチンはソ連崩壊後没落していく大国を立て直した中興の祖である。「西洋の退廃と衰退」への痛烈な批判、「多極世界」のヴィジョン、「キリスト教の価値観」の擁護、反同性愛、ナショナリストのスピーチなどすべてが魅力的であった。

ロシアの側も欧州懐疑派の各国の極右組織を支援した。イタリアの「リーガ（旧北部同盟）」やオーストリアの自由党、フランスの国民連合（旧国民戦線）など、政権の一翼を担ったり、国会議員を排出したりするような政党はもちろんのこと、テロ行為まで起こす過激派（ウルトラ極右）にまで。

二年経って、ウクライナの戦争はEUの存続をかけた戦争になった。『ル・モンド』の編集長論説の言葉を借りれば、プーチンが、いまロシア国内で洗脳、戦争経済、軍国化しつつ行っているのは「欧州モデルの中核をなす価値のシステム」への戦いである。

日本では、「もしトラ」とか、「ほぼトラ」とかいって、トランプがアメリカ大統領になるかどうかが毎日のように語られている。

フランスでは、たしかに、予備選があった時とか、トランプの裁判のニュースとかでは語られるが、その他の時には語られない。

もはやアメリカ大統領がトランプになろうがなるまいが、そんなことに気を取られている暇はないのだ。

アメリカが撤退した後でも、欧州は戦い続けなければならない。

終章

一九八九年一月七日、昭和天皇が崩御した。この時、まさか、この平成元年が世界の歴史の転回点になるとは思わなかった。

まだバブル華やかな時代だった。「日本が世界を買う」などといわれた。

一〇か月後ベルリンの壁が壊された。

そしてその四か月余り後、日本では銀行の融資に対する総量規制があり、バブルは破裂した。

ソ連が崩壊し、冷戦が終わった、と思われた。しかし、これは、ただ共産主義がアメリカに負けただけだった。

アメリカ式の自由と民主主義と資本主義が正しかったのだと勘違いした。そこから新しいボタンの掛け違いが始まった。

ウクライナの戦争も、パレスチナの戦争もその帰結だといえる。

世界は、「民主主義」と「権威主義」の冷戦になった。

ウクライナ侵攻のニュースを見て、すぐ思ったのは北方領土のことだった。

たしかに、北方領土はロシアの不法占領であろう。だが、今そこに住んでいるのはロシア人だけだ。みんなロシア語を話し、ロシアの習慣に慣れている。

日本に返還された時、政府はどうするつもりだったのか。ロシア語も第二公用語として認めるのか。自治を認めるのか。

もし島民に不満が起きれば、いや、島民の中には必ずあえて不満、圧政を訴えるものがでてくる。

まったく、ウクライナ東部やクリミア半島と同じである。
だが、どうするのか誰からも聞いたことはない。

第一次大戦が泥沼の総力戦になった一つの理由はテクノロジーの発達である。戦車、飛行機、毒ガス、長距離砲といったものが次々と投入されていった。フランス軍がパリ郊外でドイツ軍を食い止めることができたのも鉄道とトラック、そしてパリ市内のタクシーを総動員して兵士を送ったからであった。一つの攻撃で百万発の砲弾銃弾が撃たれたというが、それが可能になったのも、すぐ後にそれらを生産できるからである。

第二次大戦ではさらに、テクノロジーは進歩した。その象徴ともいうべきものが空襲である。第一次大戦では、操縦士が手で爆弾を落とすのがせいぜいであった。戦争末期にドイツ軍は一二〇キロメートルの射程距離のある大砲でパリ市内に時々砲弾を撃ち込んだが、それだけである。テクノロジーは現在さらに進んでいる。空襲はかつてのように大きな爆撃機が爆弾を落とすのではなく、ミサイルやドローンなどで行われるようになった。

また地上戦においても、かつてよりももっと精巧で破壊力を持った兵器が使われる。現在のウクライナと同じだけの軍事支援効果を上げようとしたら、第一次大戦の時ならば絶対に、第二次大戦の頃でもおそらく、派兵しなければならなかったであろう。

ウクライナは、支援がなくなれば戦い続けることはできない。欧米は、ウクライナと共に戦っているのである。だが、テクノロジーのおかげで、兵士はウクライナ国境に一歩も入らない。いわば、「参戦なき参戦」である。

第一次大戦の時、フランスにおいては、東部一帯が戦場であった。しかし、パリから西側は、総力戦の影響はあったものの、平和な生活をおくっていた。前線の兵士は時折故郷に帰って休暇をとった。今ウクライナと欧州各国の関係はあの時の前線と後方の関係になっている。世界大戦ではないかもしれないが世界化戦争である。

ウクライナの戦争は、欧米が武器弾薬を供給しウクライナが人を出す形の戦争となった。この戦争の形は、台湾侵攻や朝鮮戦争の再開の時の姿でもあろう。台湾や韓国は人を出し、アメリカなどは武器を出す。では日本は？ ベトナム戦争の時、いくら日本が補給基地になっていても、（まだアメリカの施政権下だったが）沖縄からB52爆撃機が北ベトナムに向かっても、相手からの空襲はなかった。こんどもそれですむのだろうか。

ウクライナの次は台湾だといわれている。中国の台湾侵攻を阻止するためにもウクライナはロシアに勝たなければならない。

ウクライナの戦争で中国はロシア支持だといわれるが、中国の傅聡EU大使は中東のニュースチャンネル・アルジャジーラのインタビューに、「現在ロシアが占領しているクリミア半島もウクライナの領土に戻すことについて、どうしてだめなのでしょうか」と答えた（2023.6.27）。

ウクライナが負ければ台湾有事の危険は高まる。アメリカは第二次大戦で不倶戴天の敵ソ連と組んだように、ウクライナの勝利のために中国に対して大人の対応をすべきなのではないか。


忘れてならないのは、ウクライナと違って台湾ではまだ戦争は起きていないということだ。ウクライナの戦争は、改めて一つの真実を教えてくれた。

戦争はいったん始めると終わらない。理由がどうであれ、終わらなくなる。戦争は悲劇である。政治家の仕事は何よりも戦争をしないようにするにはどうしたらいいかを考え実行することなのではないか。

軍備は、その一部にすぎない。いくら軍備を揃えても戦争自体を防ぐことはできない。抑止力は、相手も自分と同じように考えるから有効なのである。相手も自分と同じように命も名誉も惜しい、大量の国民の犠牲には政治的にも耐えられないという前提に立っている。

しかし、ロシアのような独裁的な国では特権階級は自分だけは生き延びられると思っている。別に国民が何人死のうと関係ない。

どうしたらいいのか。

その答は軍備以外のところにある。

ただし、その答は、経済のグローバリゼーションではない。第一次世界大戦の前、通信と交易、株式市場投資が発達し、各国がお互いに国債を持ち合う今日もはや戦争は起きない、といわれていた。

ロシアの侵略に対して欧米および日本などは経済制裁で対抗したが、経済崩壊は起こらなかった。インドや中国アフリカを使って迂回している。たとえば、キルギスタンの二〇二二年のドイツからの洗濯機の輸入は前年比一一五倍になっている。半導体や小型モーターなどを取り出して、ロシアに送るのだ。

ロシアは戦争経済に移った。さらにウクライナの何倍もの使い捨てできる人間がいる。今までも北朝鮮にしろイランにしろ経済制裁で苦労するのは国民だけで、そのためにかえって権力を強固にし、欧米などに対する憎悪を増やしているだけである。

戦争をする気になる国に対しては意味がない。

政治家・外交官は、国防の第一線に立っている。だが軍人とは違う。「戦争になったら」ではない。彼らの国防は「絶対に戦争をしない」である。

あとがき

フランスの第一次大戦の戦跡をつぶさに見て回ったことがある。過酷な塹壕の持久戦、砲撃で地図から消えた村。ウクライナのニュースを見て思い出さずにはいられない。

あの大戦で、物資の援助だけしていたアメリカも最後は派兵した。たしかに、いまや、兵器は飛躍的に発達し、その質もロシアより欧米の方が優秀である。だが、物資援助だけで済むのだろうか。

そんなことを思っていたら、マクロン大統領が、二月二十六日、ウクライナへの地上部隊の派兵について、「いかなることも排除されるべきではない」と可能性を示唆した。

発言は、パリの大統領官邸で開かれたウクライナ支援会議後の単独記者会見で出たものだ。

この会議は、二国間安全保障協定を結んだマクロン・ゼレンスキー会談の直後に急遽発案されたもので、わずか一〇日足らずの間に、二七か国の首脳や閣僚を集めた。マクロンが冒頭の挨拶で「各国及び国際機関の分析は、今後数年の間にロシアが一〇か国を攻撃する用意があるということで一致している」と言ったが、この危機感は共有されているようだ。

会議自体は、参加国の一致団結を示して成功だった。だが、この唐突な派兵の発言は全員から否定されてしまった。

参加した欧州の首脳も、このまま続けばある時派兵せざるをえないかもしれない、と内心では思っているのかもしれない。だが、いまそれを言う時ではない。

マクロンは、派兵の可能性への言及はプーチンに対する抑止力となると考えたのだが、その思惑は完全に外れた。

そもそも、派兵するぞ、欧州と全面戦争になるぞ、と言ったところで、プーチンが怯えてウクライナへの野望をすてるなどということはありえない。プーチンはそういう人間だ。マクロンの甘さがまた露呈した。


第一次大戦でドイツが負けたのは、国内の革命で皇帝ヴィルヘルム二世が追放されたからである。いまのところ、プーチンが追放される見込みはない。第二次大戦では連合軍がいくら空襲しても決定打にはならなかった。ウクライナがミサイルやドローン攻撃だけで音を上げるとは考え難い。

パレスチナ問題もイスラエルがオスロ合意に戻る兆しはまったくない。


最後に、フランスのマスコミについて簡単に述べておきたい。

新聞では、『朝日新聞』が提携している『ル・モンド』や読売新聞が提携している『ル・フィガロ』が有名だ。全国紙で、いわゆる高級紙の部類に入る。新聞はフランス革命以来、意見発表の道具で、まだその感覚が残っている。ただ、ウクライナやパレスチナではいい現場レポートが送られている。一般大衆が読むのは、地方紙。パリ地方では『ル・パリジャン』現場主義で事実関係を克明に描く。

テレビは、国営、民放ともに、通常のチャンネルとニュースチャンネルを持ち、ウクライナには独自の特派員を送っている。インターネットに加入すると、CNNや、アルジャジーラ、ユーロニュースなどの他、各国の放送が見られる。私は現地語の放送はよくわからないが、NHKのようにかなりの国々は英語やフランス語の国際放送を持っている。アフリカも共同でフランス語放送をしている。

本書が成ったのは、中央公論新社の郡司典夫さんのおかげである。心から感謝する。また、さまざまなアドバイスをしてくださった方々にもお礼を申し上げる。

広岡裕児

二〇二四年三月

https://officersunion.org/en/alexander-ivanovs-statement-dated-07-17-2023

La RussAfrique à l'épreuve de la guerre, Thierry Vircoulon, Institut français des relations internationales, 2023.7.25.

De Sotchi à Saint-Pétersbourg : quelles perspectives pour la coopération russo-africaine ? Djenabou Cissé, Fondation pour la recherche stratégique, 2023.7.

溜和敏「インド外交の「プルーリラテラリズム」」、日本国際問題研究所、研究報告『米中関係を超えて――自由で開かれた地域秩序構築の『機軸国家日本』のインド太平洋戦略』2023年３月所収

NATO - Official text: NATO-Russia Relations: A New Quality - Declaration by Heads of State and Government of NATO Member States and the Russian Federation, 28-May.-2002

EU Mag欧州の安定と平和を強化するEUの拡大
https://eumag.jp/behind/d0322/

https://plateforme-palestine.org/IMG/pdf/tableau_zones.pdf

https://www.transparency.org/en/cpi/2021

Le classement des 5 oligarques ukrainiens les plus riches et leur influence sur l'économie, Ukraine crisis media center 2017.4.6.
https://uacrisis.org/fr/54793-top-5-ukrainian-oligarchs

Reporters sans frontières classement 2023
https://rsf.org/fr/classement

新聞アーカイブ
Le Monde, Le Figaro, Le Parisien, Les Echos, La Libération

https://eur-lex.europa.eu/legal-content/FR/TXT/PDF/?uri=CELEX:32021D2199&from=FR

http://2001.ukrcensus.gov.ua/eng/results/general/language/Donetsk/

Press Release Treasury Sanctions Russian Proxy Wagner Group as a Transnational Criminal Organization 2023.1.26.
https://home.treasury.gov/news/press-releases/jy1220

Today's corruption cases against top officials are only the beginning, - Oleksiy Sukhachov 2023.2.1.
https://dbr.gov.ua/en/news/sogodnishni-korupcijni-spravi-po-top-posadovcyam-ce-lishe-pochatok-oleksij-suhachov

Le classement des 5 oligarques ukrainiens les plus riches et leur influence sur l'économie
https://uacrisis.org/fr/54793-top-5-ukrainian-oligarchs

Poutine l'Africain, Note de la FRS n°02/2023 La Fondation pour la recherche stratégique (FRS), 2023.1.6.

https://www.aljazeera.com/news/2023/6/27/dont-see-why-not-china-envoy-on-backing-ukraines-91-borders

The Wagner Group's Playbook in Africa: Mali, Raphael Parens, Foreign Policy Research Institute, 2022

Qu'est-ce que l'OTAN ? (nato.int)

Rapport D'information fait au nom de la commission des affaires étrangères, de la défense et des forces armées sur : « Ukraine : un an de guerre. Quels enseignements pour la France ? », Sénat 2023.2.8.

The Laundromat: How the price cap coalition white washes Russian oil in third countries, Centre for Research on Energy and Clean Air (CREA) 2023.4.

プリゴジンへの2020年10月14日のEUの制裁
http://data.europa.eu/eli/dec_impl/2020/1483/oj

La Nouvelle stratégie russe en Afrique subsaharienne : nouveaux moyens et nouveaux acteurs Poline Tchoubar, Note de la FRS n°21/2019, La Fondation pour la recherche stratégique

De Sotchi à Saint-Pétersbourg : quelles perspectives pour la coopération
russo-africaine ? Djenabou Cisse, Recherches & Documents N°10/2023. La Fondation pour la recherche stratégique

La campagne de désinformation d'Evguéni Prigojine dans toute l'Afrique US Departement of State
https://www.state.gov/la-campagne-de-desinformation-devgueni-prigojine-dans-toute-lafrique/

"SOUS PRESSION(S)"le magazine AMNESTY n°116, 2024.3
https://www.amnesty.ch/fr/sur-amnesty/publications/magazine-amnesty/2024-1/sous-pressions

Law Enforcement On Israeli Civilians in The West Bank (Settler Violence)
YESH DIN Figures 2005-2023 DATA SHEET 2023.12

『国際テロリズム要覧2022』公安調査庁、2022年

The Underachiever: Ukraine's Economy Since 1991. Pekka Sutela Carnegie Endowment for International Peace 2012.3.9.

Maxime Audinet, Colin Gérard, "Les « libérateurs » : comment la « galaxie Prigojine » raconte la chevauchée du groupe Wagner au Sahel" 2022.2.15
https://lerubicon.org/publication/la-galaxie-prigojine-promoteur-de-wagner-au-sahel/

Le conseil de l'Union européenne "Décision d'exécution (PESC) 2021/2199 du Conseil du 13 décembre 2021 mettant en œuvre la décision 2013/255/PESC concernant des mesures restrictives à l'encontre de la Syrie

参考資料

＊インターネットURLの最終閲覧は2024年２月

Lettre d'invitation adressée par le président Charles Michel aux membres du Conseil européen en vue de leur réunion extraordinaire du 24 février 2022
https://www.consilium.europa.eu/fr/press/press-releases/2022/02/23/invitation-letter-by-president-charles-michel-to-the-members-of-the-european-council-ahead-of-their-special-meeting-of-24-february-2022/

Corruption Perceptions INDEX 2021
https://www.transparency.org/en/cpi/2021

2月24日のプーチン大統領の演説
http://en.kremlin.ru/events/president/news/67843

2月21日プーチン演説（NHK訳）
https://www3.nhk.or.jp/news/html/20220419/k10013587101000.html

ウラジーミル・プーチン 論文『ロシアとウクライナの歴史的一体性』在日ロシア大使館フェイスブック、2021年7月11日
https://www.facebook.com/317708145042383/posts/2654867514659756/?paipv=0&eav=AfZWUStheVU4MukAGEzWOpDoO6ZsODWsdoLvqB-7wGElKFVT1EEOFto8t0N0yKfIo6k&_rdr

ヤヌコーヴィチへのEUの制裁
https://eur-lex.europa.eu/legal-content/FR/TXT/HTML/?uri=CELEX:32022D1355

芳之内雄二「ウクライナの現代言語状況と言語問題」、『北九州市立大学文学部紀要』74号、2008年所収

広岡裕児（ひろおか・ゆうじ）

1954年、神奈川県生まれ。フランス在住のジャーナリスト。大阪外国語大学フランス語科卒。卒業後はパリ第三大学に留学する。以来、フランスに滞在。調査研究などさまざまな業務・通訳・翻訳に携わる。公益財団法人都市化研究公室・特別研究員。
著書に、『皇族』（読売新聞社、1998年）、『一等国の皇族』（中央公論新社、2001年）、『エコノミストには絶対分からないEU危機』（文春新書、2013年）、『EU騒乱――テロと右傾化の次に来るもの』（新潮選書、2016年）など。

世界争乱《せかいそうらん》2024
――揺《ゆ》れる世界《せかい》をフランスから見《み》る

2024年4月10日　初版発行

著　者　広《ひろ》岡《おか》裕《ゆう》児《じ》
発行者　安部順一
発行所　中央公論新社
〒100-8152　東京都千代田区大手町1-7-1
電話　販売 03-5299-1730　編集 03-5299-1740
URL https://www.chuko.co.jp/

装　丁
ＤＴＰ　濱崎実幸
印　刷　大日本印刷
製　本　小泉製本

Published by CHUOKORON-SHINSHA, INC.
Printed in Japan　ISBN978-4-12-005777-9 C0022